有竖立看

谈资 主编

成都时代出版社
CHENGDU TIMES PRESS

序 *PREFACE*

谢谢你们年轻的眼睛和心

/ 潘媛

一个周末，我穿越不断发胖的城市，沿着天府大道往南，抵达湖边的 A4 美术馆，去听学者葛剑雄讲"移民与城市文化"。

葛老的理论一言以蔽之，人口是文化最活跃的载体。不断建造的楼宇，不断涌入的人口，在他看来，如今的成都已经面貌全新。"新成都不仅仅只有火锅、小吃、美女、休闲生活，还有拐着腔说自己是成都人的新成都人。"

在那次讲座上，我很自然地想到我们做过的一期选题——关于新成都人。推文的开头写道：你觉不觉得"我们"这两个字有点甜？"我们娃娃就是不爱吃菜叶子""我们珍珠今天又把家里沙发抠了两个洞洞"，一个东西前面加上"我们"，就有一种占有和归属感。

成都软绵又博大，是包容性和吸附性都很强的城市。在这儿待久了，不是成都土著也会脱口而出"我们成都……"。这些朋友，我们就称为"新成都人"。

在这篇推文下面，上百条留言讲述了自己来成都多久以后，在哪一个瞬间，嘴里的"你们成都"，自然而然地变成了"我们成都"。

老实说，这些故事，真的看得我们眼流花儿包起——"眼流花儿包起"，这个说法本身就很成都，一点柔软，半分调侃，把表露感情的事情说得举重若轻——因为我们自己大部分就是这样的"新成都人"。团队中更大比例的年轻人是来自成都以外的小孩。他们有的在成都读完大学，留了下来；有的因为路过成都喜欢成都，留了下来；有的因为恋爱，哪怕是后来分开，也留了下来。

所以，他们观察成都，用的是"新成都人"的眼睛。这是一种杂糅的感觉：比土著更好奇，比过客更持久；对旧的不准备排斥，对新的有认同感。

而我在观察他们。我得到的最重要的结论是：这或许是一个前所未有的壮阔时代，但每个人（个体）却变得更重要。

跟我一起工作的年轻人喜欢从更小的切口进入城市生活：比如成都人回答不起问题的时候一般都说啥子，为什么说每个小区门口都有碗全成都最好吃的素椒炸酱面……他们找火锅店的排号员和全兴队的守门大爷打听江湖故事。在菜市场他们发现，别人买菜就买菜，成都人还要顺带捏把花回家。同时，没有一个婆婆、爷爷的黄桷兰、鸡毛毽子、煮花生会滞销。

他们带着新的眼光去重新发现更为复杂的长顺街、致民路、华兴街。30 平方米、不当街，他们记录了很多这样小而美的店，也找到深藏在城市褶皱里的、卖了 28 年的盒饭和 33 年的拌菜。

这样的观察还具有持续性，比如有一天，他们找了两个街娃，把保利中心从一楼到二十一楼喝穿了，喝到无楼可攀为止。后来酒吧从魔方大厦里撤退了，他们又做了一期《保利，散场》。

有时候这些观察会被物化、存留，反向成为城市的一景、被观察的对象。年轻人发现，当代都市里，集体微醺成了一种表达亲热、寻找同类的方式，于是诞生了《我，一个沉迷于微醺的成都人》《夏天常常喝断片，忧愁都消化在尿里了》。还有，在每一个流连过的酒吧厕所里自拍，竟然也成为一期大受欢迎的选题。他们乘兴做了一张酒吧地图，把成都几百家 Club、Pub、Bar、精酿馆分类整理集册，叫作《断片指南》。

紧接着，在著名的玉林西路，我的年轻的同事们操办了一个快闪展。两间十几平方米的小铺面，一间装酒后故事，一间卖酒。

谢谢玉林西路的街沿那么阔，那夜的风那么凉。前前后后一两百号人，大家都站在人行道上说话喝酒，摇着"喝酒去"的扇子，穿着"成都市内没醉过"的 T 恤，举着一次性塑料酒杯，聊天聊到断片，喝酒喝到眉来眼去。我们把捡来的一张按摩床放在路边，谁累了，谁就过去靠一会儿。

今年，这个动作被持续下去，新一场断片展被搬到了长顺街附近的一个老街区里。

从玉林西路到长顺街，这样的选择有点出人意料。关于这座城市古旧的肌理，年轻人似乎有一种特别的兴致。每周，1994 年出生的彭何，会去城市里某个被人忽略或者遗忘的角落，走走停停，观察人，发现故事。他的行走催生了专栏"乱逛"。"逛"这个动词本身，有一种晃晃悠悠的旧日气息。时光急，但彭何不急。

同时，他们乐于寻找这个城市里崭新的基因。在接触过好几个年轻团队之后，诞生了一个新的系列报道，叫作"了不起的_____"

这些了不起的年轻人，在成都设计出了漂亮的空间，拍出了漂亮的照片，画出了漂亮的插画，让这座城市有了惊喜，变得好看。最了不起的是他们都是 1990 年到 1995 年生人，领头的几乎都不足 28 岁。28 岁，已经三头六臂，独当一面。而我们这个编辑团队，平均年龄也差不多是 28 岁。

在三年的时间里，年轻人就这样兴致盎然地寻找了上千个故事、话题、人。

三年后，一种新的野心被偶然催生。

熟悉微信生态和阅读习惯的人都知道，一篇公众号推文，最强的生命力在 24 小时之内，普通的传播周期是三天，在公司内部，考核一篇稿件的传播数据，7 天截止。

然而，一篇《豌豆尖统治四川的盛世又到了》，在距离第一次传播差不多一年以后，仍然有人在后台留言——来自海外。为什么不把它留存下来？既然有这样的生命力在。

值得印刷，值得售卖，值得被油墨留存，值得被指尖摩挲。

关于成都，已经有了很多书，却难见一本可以做到：属性年轻，目光新鲜，立足当下，切口入微，维度丰富。

我们希望"@成都"能够做到。一个系列，五本书，从街区、人、城市性格、城市记忆等维度，整理集纳了谈资旗下公众号"成都Big榜"三年多以来创作的超过100篇、总计30万字的原创推文。@，表示基于互联网社交创作和传播的城市观察。同时，@也是at，在某处，表示这样的观察位于成都。

@成都的观察还在继续。

新来的小孩丁赫，凌晨五点扛着四个从宜家买来的垃圾桶，去人来人往的春熙路收垃圾。几个小时里，他完成了一场以垃圾分类而起意的社会观察。

彭何仍然在走。他从社科院的大门出发，沿着一环路向右，沿着锦江河道再到武侯祠大街，经过耍都、锦里、体院，在成都的电子地图上走出了一颗心。

吴逸韵去医学美容医院的大厅坐了一下午；丁赫发现从天府广场地铁站到地面，有至少56种方法；贾茹在毕业季收集了40年里65张成都人的毕业照；李佳蓓执行完"早餐四川"，正在策划基于公交、茶馆、美甲店的"窃听城市"行动。

三年再三年。城市生长，他们也在生长。

谢谢李佳蓓、康筱韵、彭何、胡琴、贾茹、吕美真、陈修易、蒋佳芯、雷曜维、吴逸韵、丁赫、陈梦奇。每一个在成都Big榜的后台驻留过的人，或短或长。谢谢你们年轻的名字，谢谢你们年轻的眼睛和心。

2019年7月于成都书院西街 TZ

《横看竖看》

街道是城市的血脉和骨骼，每一寸血脉、每一段骨骼都不尽相同。要认识城市，先从街道开始。

成都的街，很特别。大体上它是按横平竖直的方式来排列组合的。街的里面，还藏着更细微的巷。这些横着竖着的街巷，把成都切割成一块一块。相比起线性的街，成都人更习惯于用块状的思维来记忆和描述地点：玉林、白果林、抚琴……是成片的小区；长顺街、新鸿路、宏济路，听上去是街名但其实被默认是随着街道自然生长的街区；牛市口、水碾河、牛王庙，是街和街交织的点，也是由点生发而成的面。

这是新旧交织的成都，这是日夜更新的成都。从东到西，从南到北，我们带你去看内里的生活、食物、人们的生活状态。去重新发现，去找寻记忆，也去记录新鲜的画面、气味、温度，这些都在丰满着我们对这座城市的爱。

目

CONTENTS

录

目录

CONTENTS

● 走过煎茶，路过白头，在落虹桥街牵你的手

ZOUGUO JIANCHA，LUGUO BAITOU，
ZAI LUOHONGQIAOJIE QIANNIDESHOU

/ 李佳蓓

成都有太多好听的地名，不细数，很难发现成都用植物命名的街道已经有一百多条，光以槐树命名的街道就有六条：槐树街、双槐街、三槐树街、干槐树街、槐树店路、国槐街。

不细查，很难发现，原来成都不少地名来自《诗经》《论语》《中庸》，城中的落虹桥、天涯石，城外的白头、安仁、怀远，很多你一瞥而过的地名，都代表了成都人的诗性。

某次从华阳往大邑走，猛然抬头看见两个路牌，觉得名字很有意思。一个是煎茶，一个是白头，两个大约都是小镇，一走神就会错过的不起眼小镇。

细细咀嚼"煎茶"这两个字，觉得取名的人真是有文化，如果改为"煮茶"，就少了一点风雅。在唐代以前无制茶法，直接采生叶煮饮。而"煎茶"这个词，是唐代陆羽在《茶经》里详细记载的一种制茶方法，步骤繁复，技艺讲究，相比煮茶更显高级。苏轼特地写过两首煎茶诗——《试院煎茶》《汲江煎茶》。

第一次看到"白头"这个地名也觉得有趣，若是一对夫妇，就可以说"走，我们一起到白头"，多浪漫。

你可能不知道，成都已经有一百多条用植物命名的街道：泡桐树街、海桐树街、合欢树街、柿子巷、槐树街、冻青树街、水杉街，莲桂西路、梨花街、桂花巷、白果林、桃蹊路、白桦林路、海棠路、栀子街、椿树街、茶花街……

合欢树街让人有些陌生，但合欢树的寓意很美，此树树叶昼开夜合，对对相拥，人们用合欢的状态寓意忠贞不渝的爱情。

冻青树街，冻青即冬青，凌冬青翠。因乾隆年间，四川提督府内一株合抱的冬青树而得名。现在树早已不见，满街都是小店，凉粉、烤鱼、钵钵鸡，早前还有一家高雄人开的"伶壶冲"茶餐厅，破破烂烂，但生意不错，如今也没了踪影。

20 世纪 70 年代的冻青树街很是红火，有一家卖"三花"茶叶的店，堪比刚出来的星巴克一样扎眼睛。那时候一群年轻人在冻青树 38 号院坝头，玩乐器、练功、排练，这些人中就有 14 岁的欧阳奋强。

柿子巷，听名字不熟，但每每走在金河路上，就能远远望见一栋孤立于世的老楼。它一直站在柿子巷的巷口，它的主人曾经是国民党第 44 军军长王泽浚，所以这栋楼又名王公馆，后来还一度被改建成幼儿园。往里走进柿子巷 6 号，原本是个破败不堪的小院子，马识途曾经生活在这里，还在此写出了《夜谭十记》。

所有与植物有关的街道里，槐树最受成都人偏爱，数下来名字里带槐树的街有 6 条。槐树街，清时名槐荫胡同，街内有槐树多株，可遮阴；双槐树街，因街北侧一大户人家门前有两株大槐树得名；干槐树街，以一家院内有一枯老的槐树得名；还有三槐树街、槐树店路、国槐街。

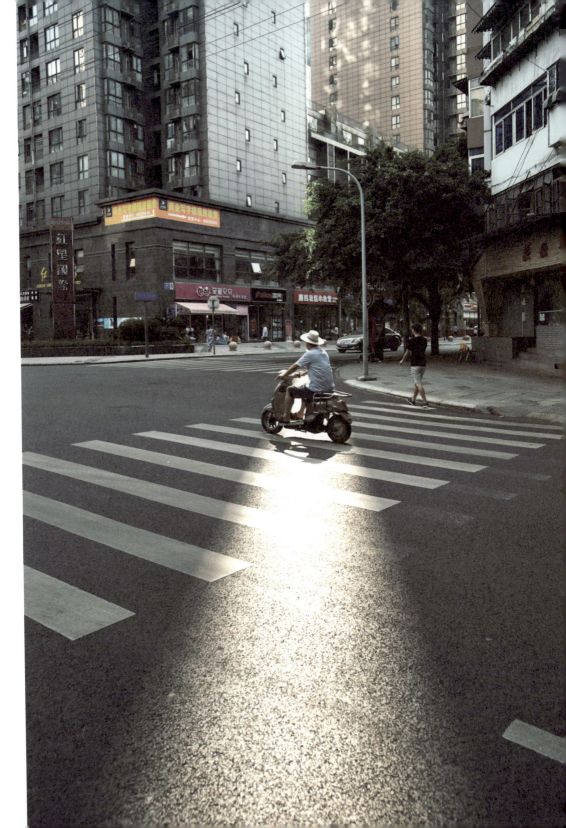

芳草、芳沁、芳华这些未见花名似乎又在散发气息的地名都集中在最有生活味道的玉林，一拐进去，鼻腔被塞满了麻辣鲜香。有位住在玉林的朋友说：我家附近的路都跟天和花草有关，蓝天路、彩虹街、玉虹街、白云街、芳草街、蓝草路、芳华街，听名字就美得不行。

唐代诗人罗隐，写道："一年两度锦江游，前值东风后值秋。芳草有情皆碍马，好云无处不遮楼。"不知道是否与芳草街有关。

"花"字在成都的很多地名里，你叫熟了叫烂了就觉得俗，但把地名单拎出来或者第一次叫还是觉得有意境。比如浣花溪、百花潭、花照壁、花龙门……曾经住在浣花溪旁边的杜甫，在诗《狂夫》里写过百花潭："万里桥西一草堂，百花潭水即沧浪。"

送仙桥、遇仙桥、神仙树、二仙桥这些名字总是带着一种魔幻的感觉，让人好奇，是真有遇到过仙吗？

传说神仙树这个地方，在光绪年间有一枯树桩，中空，贮满清水。有人传言饮其水能治百病，愈传愈神。善男信女们便向树桩求神赐福祛病，香火盛极一时，因此得名神仙树。现在说到神仙树，大家第一反应——富人区。

送仙桥传说在唐代是成都一处很热闹的地方。

三月三，各路神仙都会来赶庙会——听说有人在桥上看见何仙姑笑口微露，撒下五彩斑斓的鲜花。如今这里成了西南地区最大的古玩集散地，每逢周日上午，顶楼平台上的旧书市场都有很多书痴赶来淘书，络绎不绝。

成都还有很多路与乐器有关，琴台路、抚琴路、丝竹路……

离宽窄巷子不远的琴台路，全长不到 1 千米，夜间灯光一亮，汉唐仿古建筑配上地上反光的青砖，仿佛梦回汉朝。说起琴台路，隔壁子少城小学和泡小的娃娃都给你说得出个子丑寅卯。

落虹桥、天涯石、琼楼路这些地名不像在人间，更像在太虚幻境。

落虹桥很多人不太耳熟，诗人梁平写落虹桥："这条街很少有人叫它的名字，总是含含糊糊。指路的人只说新华大道往里拐，庆云街附近，那里有新繁牛肉豆花，有满街飘香的万州烤鱼。长松寺公墓在成都最大的代办，临街一个一米宽的铺面，走得进形形色色。"其实落虹桥原名落魂桥，据说这里曾经是行刑的地方，因为罪犯押到这儿就吓得不轻，所以取名落魂桥。

天涯石街真正是因为有块儿石头才得名。现在这块儿石头在成都天涯石小学门口，据《四川通志》载，天涯石"曳之若摇摇可引，撼之则根不可穷"。天涯石北街原有一家豆花面，面条上盖了臊子，面条下是酸辣豆花，经常排队，后来据说搬到了三道拐，味道也就大不如前了。

另一个以石头命名的地名叫支矶石街，这块儿石头传说是天上织女之物，后据考证，支矶石是西南原始部落或奴隶时代有特殊之用的石头。

成都还有一些地名，念起来有种成双成对的感觉，比如红瓦寺和青石桥。像这样名字里带有"色彩"的街还有黄瓦街、黄伞巷、红墙巷、金丝街、银丝街、铜丝街、白丝街、紫东楼街……紫东楼街不知道是否来源于紫气东来，但黄瓦街曾经确实有黄瓦。

黄瓦街上有一块照壁墙，上书"黄瓦街"。这里的旧时风貌确实是红墙黄瓦，据传，清代有两侯爷因家业破败，竟用旧庙宇的红砖砌墙，黄琉璃瓦盖顶。作家桑格格说："要是早晓得有黄瓦街街边茶铺这个地方，一年回成都的次数都要多些。"

这是正宗的少城腹地，从著名袍哥冷开泰，到西康省民政厅长冷融，著名女书法家、诗人黄稚荃，都曾居住在这里，不分阶层的人都在此地喝茶，偶尔有担着豆花卖的孃孃经过……

还有一些路，带着浩瀚星空的童话色彩，星汉路、星河路、星科路、星辰路、星月街……

除开传说故事和花花草草，来自《论语》或《诗经》的地名更有文化深意：比如九思巷、九如村。

九思巷取自《论语·季代》："君子有九思，视思明，听思聪，色思温，貌思恭，言思忠，事思敬，疑思问，忿思难，见得思义。"指待人处事应有的品德，巷子以此命名含有君子自谦和警己之意。九思巷里有很多老宅，目前还完好幸存，进入院中，别有洞天，外面有个小面馆做掩饰，里面有天井、木质窗框，隐约可见曾经的殷实。现在院子住了七八户人家，杂草疯长，老宅沉静。

九如村，则得名于《诗经》。"如山如阜，如冈如陵……如南山之寿……如松柏之茂……"诗中连用九个"如"字，表达当时取名人希望福寿延绵。

成都很多的街名都沉淀了成都的诗书气质，比如笔帖式街、奎星楼街、帘官公所街……

太古里里面的博舍酒店和周围光鲜耀眼的建筑不同，青砖瓦房，古老朴素。笔帖式街就在这里，这条街是成都唯一一条以满语音译为街名的街道。笔帖式系满语"士人"之义，为总督署下机构，掌管满文翻译及奏章文书之事，官员必由旗人担任。

奎星楼街的知名，是因为这里聚集了冒椒火辣、二孃鸡爪爪等一大堆网红店。奎星乃"二十八宿"之一，又说，北斗七星，第一颗称魁星，所以科举时代中了状元，谓之"大魁天下"。

帘官公所街读来有些拗口，在科举时代，考官进场阅卷以后，便垂帘与外界隔绝，因而称为"帘官"。帘官公所用现代话说就是接待考官的招待所。

河北省曾简称燕，山东省简称鲁，旧时两省合建的会馆既是燕鲁公所，虽然这里早已经变为了一个地名，但曾经三进式的院子也是往来"无白丁"。古代交通不便，从河北山东风尘仆仆地赶到成都的人在此落脚，诗人梁平曾写道：门庭谦虚谨慎，青砖和木椽之间，嵌入商贾与官差的马蹄声，连绵、悠远……至于燕鲁没戴几片花翎的人，来了，也只能流离失所。

仓颉这个名字你可能比较陌生，他是传说中的汉字发明者，惜字宫这个地方就是曾经供奉他的庙宇所在地。曾经这条街上，惜字如金，写字的纸也备受人们爱惜，不可随意弃之。如今，提这条街大家可能不熟，但是提谢记肥肠鸡倒是人尽皆知，一到饭点，大家油头满面地捞菜，惜肥肠如"金"。

宝云庵的位置在锦里西路，两边有夹道的银杏。8 月盛夏，坐在银杏树下，偶尔会掉两颗白果下来，深秋则是一地金黄。

四圣祠街又静又美，因曾经是供奉孔子门下曾参、颜回、子路、子由的祠庙，由此得名，现在是四川神学院的所在地。这里的四圣祠礼拜堂建于 1894 年，街上原有许多深宅大院、老式公馆。现在走到街上，还能看到教堂对面年久失修的西式洋楼，感受到当初繁华的痕迹。

市区里的好听地名多到数不清，周边的小镇很多也带着恬静温暖的名字，安仁、仁美、怀远、鹤鸣……

安仁镇，取"仁者，安仁"之意而名之。怀远镇，取义于《中庸》"柔远人也，怀诸侯也……柔远人则四方归之；怀诸侯则天下畏之"。而我一听到怀远，总会想起那里的"三绝"，柔软的冻糕、冒油的叶儿粑，还有凉拌豆腐帘子。

以前总觉得日本的地名真好听，"当别、江别、浅草、奈良、千岁月寒……"都觉得甚美。还有北京的"百花深处、杏花天……"，南京的"紫金山、莫愁湖、乌衣巷……"，现在再认真地品味成都地名，每一个地名都带着蓉城的诗性。🆃🆉

● 水碾河，楼下有菜市，出门有面馆，半夜有烧烤

/ 李佳蓓

刚毕业那会儿，误打误撞在东风路北二巷的质监局家属院租了个房子，爬满藤蔓的老小区藏在巷子尽头，楼下有菜市，出门有面馆，半夜有烧烤。

那时候路口的"富士大厦"还没拆，但是已变为街坊老姆姆儿八卦的歪会所，"成都饭店"也没拆，虽然是栋空空洞洞的荒楼。

在那住了一年多，祥和里、香香巷、路南社区、路北社区，还有各种卡卡缝缝都变得如数家珍，搬走之后都念念不忘那些充满人情味的摊摊儿店店儿。

从春熙路走过来，过了东风大桥都属于水碾河的地盘，左手边的望平街，右手边的均隆街。

望平街很长，浓密的榕树下开满了馆子，根基最稳喊得最响的就是四妹钵钵鸡，夏夜在街边摆个小桌子，来点油汤汤泡过的串串，整几瓶啤酒，摆点龙门阵才是生活。

右手边的均隆街很短，但是有一堆街坊邻居吃了几十年的老馆子。秦川号的羊肉汤泡起油条蘸小米辣，不在水碾河住的人，懂不起。

水碾河除了市井，还曾是几代成都人口中最"港"的地方。那里有奉献了自己很多"第一次"的成都饭店；第一次吃的韩国烧烤"彩轩"；再往前数一点的第一次坐电梯，而且经常去坐一晚上都不出来，觉得好洋盘。

虽然最"港"的建筑都消失了，但情感不会消失。

要请客吃饭，在均隆街开了二十多年的巴蜀味苑是老街坊最放心的地方，堂子不大，道道菜都百吃不厌，沾水兔细嫩弹牙，粉蒸肉入口化渣，就算后来搬到了大华阳，周末偶尔要来整一盘。

望平街和均隆街吃的再多，也不及玉双路、祥和里、天祥街，这三条街才是并称水碾河片区的老字号美食街。

玉双路上的三千食，喊了 800 遍"好辣哦"，还是要一根一根蘸起干海椒面儿往嘴里塞。

玉双路中测宿舍对面，有家只有住在周围的老饕才懂的夜间活动杂酱面。晚上 8 点以后才出来，凌晨 1 点收摊，就只做杂酱和鸡杂两种口味，如果突然一天看不到它出来还要心欠欠的。

除了吃吃喝喝，水碾河的每一条巷子都有着老成都温暾缓慢的性子，任意一条巷子都值得去饭后散步，窄窄的巷子，长长的红砖墙，车少树多。

和玉双路平行的祥和里，是一条你没有机会说"随便"的街，住在它旁边就不愁吃，自贡嫩鱼馆、滋味烤鱼、竹子屋都是十几年的老店，周围换了各种铺子，老味道永远不挪地方！

那些在夹缝中被你看着壮大的小店，就是你搬无数次家都忘不了的老友，比如几十年前在祥和里的头上，有个只在夏天开业且利用门卫室卖兔头的老鬼兔头，无论老妈兔头名气多大，但老鬼就是属于水碾河的兔头。

玉双路、天祥街、祥和里都还不算老，真正的市井滋味在水碾河路北社区、路南社区那些老居民楼之间，在那些弯弯绕绕短小精干的小巷子里藏着各种卤菜摊儿、串串店。

水碾河随便一个火锅店，都不是一个没有故事的火锅店，比如文艺青年们最爱的"青年火锅店"，老板是玩音乐的，小区街边摆两张桌子，就可以边听音乐边咂牛油火锅。

画满了涂鸦的文艺圣地 U37，虽然藏在老小区中间，和周围的氛围格格不入，门口一帮嘈杂的卖菜的摊贩，但就是这样的混搭才有意思，你可以前脚在门口吃一串儿小时候味道的糖油果子，后脚就坐在带 Loft 的文艺咖啡店喝一杯拿铁，不加糖。

成都饭店背后的小区，到现在都拥有着浓厚的 20 世纪 90 年代生活风貌，里面承载着太多童年的味觉记忆，比如罗记甜不辣、刘老大、曾记串串……

甜不辣最早是卖糖饼儿的，后来才卖起了甜不辣，以前女老板很抠，干碟子和辣椒水在她眼皮子底下只能蘸一种，每次都要挑半天。小时候只吃得起土豆和豆腐皮，好难得才能吃盘香肠哦，长大了终于可以炸一大盘！大概是小时候零花钱贡献多了，老板娘到现在还能认出几个水碾河长大的小娃儿。

20 世纪 80 年代水碾河的街边有一家地摊摊儿麻辣烫，20 世纪 90 年代辗转在水碾河菜市，如今开在了水碾河路 26 号，它就是刘老大串串香。和甜不辣一样，都是长盛于水碾河二十余载的味道。刘老大隔壁子的兔火锅也挨到开了很多年。

水碾河变化很大，一位从小在水碾河长大的朋友说：水碾河吃的很多，想起来觉得最好吃的，要数当年川剧二团大门后面卖的土豆串和牛肉串。那时候没多少零花钱，又想吃得实在，就会跑去俊宏快餐点份牛肉盖浇。想耍的时候就约上同学逛校场坝，街边边上的街机厅和小网吧有男孩子间"不能说的秘密"。

除了巷子、老小区，水碾河还有水泥森林中少有的老院坝，比如开了二十多年的全味面馆就是坐在院坝头树荫下吃面，老板没变，下面的师傅没变，院坝也没变，不管隔了多久回去，始终都有着它最初的样子。📸

● 为什么我的梦里常咽口水，因为我对白果林爱得深沉

/ 杨艳琪

作为 20 世纪开始就活跃于成都的元老级社区，白果林这个名字可谓是历史悠久。而作为白果林土生土长的女儿，自然是对这片土地爱得深沉。

以白果林石人小区为圆心画半径，把府南新区、石人小区、战旗小区和蜀汉路包括在内，掐指一算，我在这片生活区度过了比两轮本命年还长的时间，可谓"矢志不渝"。

不是因为我是土著，就使劲为它说好话，而是这片土地真的人杰地灵。要是有一天非要选一个藏身之所，大隐隐于市，那绝对是白果林无疑！

白果林究竟好在哪里？

白果林的镇区之宝就是实小分校，号称大隐于市，最接地气的小学，旁边就是居民区。这所小学二十年来养育了无数八九点钟的太阳，如今仍在继续培育祖国的花朵。

小学校园外有一整条街的文具店，江湖人称文具街。从实小分校毕业的同学们，一定记得那些店面里花花绿绿的自动铅笔、暖手袋、校徽和红领巾！清晨八九点钟的太阳们在每个放学的下午都把文具店堵得水泄不通。

无论白天、正午还是夜晚，无论冬春交际还是夏秋之间，总能在白果林的石人花园里看到欢腾的老头老太太，数着节拍扭腰或者甩手。广场舞，又称石人花园之魂。

在白果林有着流芳百世的老店"花串串"。香喷喷油亮亮的串串们，江湖传说，吃一锅便可获得人生的大和谐。随时排队，要吃请早。

还有屹立十年不倒的府南饭庄，在童年里扮演了临时食堂的重要角色。犹记得小时候刚搬家来到府南新区，家里的厨房还暂时没有装修，踏上这片土地的第一口热饭，就是在这个饭庄吃上的。

小时候不吃上一个蛋烘糕是不会安心做作业的！而这位老板从我还没上小学，一直卖到现在，那时老板和老板娘还没结婚，现在小孩都十多岁了！在我心里，这就是世界上最好吃的蛋烘糕。

再走两步就能看到不晓得开了好多年的干杂粮油店，反正感觉这种复古的老店年代久远。每回路过闻到粮油的香味，都感觉是回到了童年。

尽管成都不停长大，不停变化，但几个位于府南新区的老小区，却一直古香古色地保留到了今天。老小区的自然生态属于稀缺资源，上了年纪的绿树下是成片阴凉，夏天摆上盘棋，几个老头可以昏天黑地杀一天。

老小区里还自带露天茶座，在家备好酒水，去院子里想坐就坐，想躺就躺。可以下象棋、下围棋、打扑克、打手搓麻将，可以乘凉，摆悬龙门阵，唯一需要注意的就是早点来占座。

还有这么一条小巷，每天下午四五点钟，辛勤的农民伯伯就把他们自家的蔬菜水果拉到这里来卖。小区和附近的住户们也养成了下楼散步顺便买些农民自产的粮食蔬果的习惯，让人忍不住感慨，每天都能吃上最新鲜的，这才能被叫作生活，去超市买一次吃一周的那种只能算得上是生存。

小时候，每次去二环路边上某个地方，都要在路上堵得口吐白沫直翻白眼，直到两三年前眼看着一点一点修好了高架桥，从此二环景色一览无余，天堑变通途，白果林还是我爱着的白果林。

在玉林，诗歌的芬芳和王妈烤兔的肉香一样销魂

ZAIYULIN, SHIGE DE FENFANG HE WANGMA KAOTU DE
ROUXIANG YIYANG XIAOHUN

/ 潘媛

在玉林小区建起来之前，它的周围还是一片碧绿的菜地，冬天成片成片的麻雀在这里尖叫。

但是这一场景最终在激昂的房地产高潮中，全部消失得无影无踪，而崭新的街道和楼宇随后则开始大肆蔓延，直到菜地的尽头。

1994 年，玉林西路和玉林东路这两道街区初具雏形后，成都的单身女郎和艺术家最早在这里过起了享乐生活。

二十几年来，玉林入过诗，入过画，入过歌。有的东西消失了，新的东西在生长。

玉林很奇特。它的气息是高级的，是文艺的，但它的肉体却是市井的，入世的。在玉林，诗歌的芬芳和王妈烤兔的肉香都一样销魂。

事实上，通篇这些潦草的文字，都配不上玉林。

建筑师刘家琨曾经为玉林做过研究，开过展览。这个展览叫作"玉林颂"。刘家琨说，玉林小区从建设时段和规划方法上看，介于传统街坊和当代孤岛之间。这个社区对成都而言相当于苏荷区之于纽约。

"和我在成都的街头走一走，直到所有的灯都熄灭了也不停留。你会挽着我的衣袖，我会把手揣进裤兜，走到玉林路的尽头，坐在小酒馆的门口……"——民谣歌手赵雷唱过玉林。

玉林是生长出来的，不是被设计出来的。

街巷之间密布早餐店、蔬果摊、杂货铺、熟食店、鞋匠与裁缝的铺子——每件事都步行可达；在街的横断面上，街接着数个以小型公共绿地为中心的居住院落，每一次经过它们，都忍不住往里窥探，看到纳凉的老人、孩子和猫。

"白夜前面，是一个扇面路口，路的右边，是一条窄街。"——这是翟永明《以白夜为坐标》一文的开场白。白夜坐落在成都的玉林西路。15 年后老白夜谢幕。有粉丝珍藏着属于那时的记忆。笔记本上写着：他们在老白夜唱歌、跳舞、朗诵诗歌，等待告别。

《新周刊》第一次做成都专题，将成都命名为"第四城"，其中描述成都是一个美女之都：三步一个林青霞，五步一个张曼玉，这样的印象，据说就是记者坐在白夜酒吧看着外面的街面而获得的。这件事已经过去了快 20 年了。

玉林不止有白夜，还有小酒馆。老白夜和小酒馆同在玉林西路，相距不过百米。

时至今日，小酒馆在规模上仍然是个小酒吧。但是在 20 世纪 90 年代，与中国当代艺术有关的人几乎都曾在这里驻足。在小酒馆听一次摇滚现场，充满了仪式感，相当于朝圣。

曾经，玉林西路的小店里总是塞满了漂亮的衣服和漂亮的女人。

一个网友用脚步丈量过玉林以后说："感觉一些人他们的时间过得很慢，比我们慢了五年到十年。碟片店、杂货铺、修鞋店、露天理发……这一切，都与现在的互联网、数字化生活距离多么远。如果这些风景也被数字化了，那也真没意思。"

有一年，成都暴雨，玉林被淹。马路上是蹚水走过的狼狈人群，一窗之隔，老码头的堂子里是镇定吃火锅的食客。

吃是玉林足以依赖的灵魂。来一份王婆荞面里的冻粑，蘸红糖或白糖随意；钻进玉洁巷里面，找一家沙县小吃店；踏进一家在芳华街的家族爱恨怪豆花店，点一份加了肉末的、热腾腾的豆花儿吃撑；去小巷找一家官记乐山钵钵鸡，然后点一份 4 元一碗的鸡汤饭趁热吃……这些细碎的幸福，都是玉林提供的馈赠。

玉林菜市是一个极其伟大的存在。它有三绝：清真肺片，良心水饺抄手，甜皮鸭；或者王妈烤兔、姊妹卤菜的糖醋排骨、甜皮鸭；又或者清真肺片、甜皮鸭、糖醋排骨。我至少听过三种版本。

玉林生活广场，在兰桂坊之前，它以促狭一楼之势，与九眼桥整整一条街抗衡。空瓶子、音乐房子，换成我们熟悉的名字，就是张靓颖、王铮亮、江映蓉、徐海星。

玉林二巷有一个很不起眼的入口，特别是对比街那边的现代与灯火辉煌。但若是找到入口，走进去，这条看起来破旧的深巷里，会有各种意外的惊喜。新鲜好吃而价格适中的水果，各种烧烤、串串、面的老店……

玉林喜欢藏着掖着，喜欢给人惊喜。

你知道的，玉林才不止有二巷，从一到十的十条小巷子里，可以触摸到最真实的生活。

有人说，玉林早就垮了。艺术家和诗人搬走了，白夜关了，小酒馆在新的地方红火着。老码头和三只耳早就不是美食家推崇的流行地了。还有还有，以前那么多那么时髦的服装店，都一一关了门。

但是玉林不管。玉林仍然按照玉林的方式存在着。

新鸿路，成都鬼饮食的半壁江山

XINHONGLU，CHENGDU GUIYINSHI DE
BANBIJIANGSHAN

/ 康筱韵

作为一个"新成都人"，直到大学毕业后才真正地开始熟悉成都。因为住在科大附近，所以总是以建设路为中心，向四周扩大自己的活动范围。

第一个喜欢上的街区，就是新鸿街区。

作为老小区，它的名头没有玉林响亮；作为一个新兴的美食街，它又常常被附近的建设路遮盖了光芒。白天，这里的街道清静空荡，公交车上也多是老人家；但到了晚上就彻底苏醒，随处皆是浑身散发着火锅味的年轻人……

这里，就是正儿八经老成都人以及鬼饮食爱好者的聚集地。

西起电视塔，东到二环口，短短两公里不到，就是新鸿路街道。我们一说到新鸿路，总会自动把它的范围扩大至新华公园背后双林支路附近，再加上新鸿社区、新华社区，构成了心理范畴，而非街道范畴上的"新鸿街区"。

以新鸿路为中心，往两边的小巷里钻，这里的建筑低矮又略显老旧，比不了电视塔的高，也比不了二环边万象城的壕，却散发着浓浓的生活气息。

除了玉林，成都最早的"小区"，就诞生在新鸿路一带。

出了一环，沿着新鸿路由西向东走，左边蒇香里社区，右边新鸿社区。从很小的时候开始，一直到后来上了中学，听说同学家住在这，都还觉得十分洋盘。在这之前，哪有什么"小区"的概念。

别看它现在破旧，二十年前，拐进新鸿南路，住在这儿的成都人说起都骄傲。

院坝小区楼下什么都有，菜市场、餐馆、茶馆、活动中心、理发店、诊所……基础设施样样齐全。大人小孩吃了饭就下院坝里耍，邻里关系和睦又亲近。

听小时候住在新鸿路的人讲，那时他家住二楼，楼下就是杂货铺，大人们经常用绳子系着小竹篮装着钱从窗户放下去。即使在没有外卖软件的时代，买包盐买条烟不用出门也能搞定。

现在，散步时偶尔也会去新鸿小区里面转一转。泛黄褪色的灯箱，隔几个单元楼就能见到的、摆在外面的旧沙发，一些老人在采光不太好的棋牌室里打牌，一些老人摇着蒲扇坐在沙发上闭目养神。从他们身上，似乎能窥见一丝丝旧日时光。

只有平常岁月故事的老街区是很难长时间被人们记住和喜欢的。加上高楼之外有高楼，二环之外有三环，被圈在一二环间的新鸿街区看外表似乎是一副快要颓败的模样。然而，一入夜，你就会知道它被重新爱上的原因。

如今的新鸿街区，基本承包了成都一半的鬼饮食，老街发新芽，转眼变身美食街。肚子饿了往新鸿路周围小街小巷一钻，中式的日式的辣的不辣的，天上飞的地下跑的水里游的，想吃什么都能在这个街区找到。

最市井的美食藏在新鸿社区里面，四面都是门的老小区随便找个口就能拐进去。曾经供居住的居民楼底层几乎都改成了门面朝街的小商铺。有串串、有火锅、有菜店、有水果摊、有缝纫店、有茶馆……

一应俱全，正如当年，但更加热闹，更加生机勃勃。

方木桌，竹椅子，人气最旺的田席干拌串串门口的队伍总是从一个单元楼排到另一个单元楼。去了好多次都被这长长的队伍给劝退，至今未能得偿。

传说中同样火爆的牙尖十八怪串串就开在对面，座位都从店门口扩张到了对面的居民楼门口。每次来坐必点坨坨牛肉和"小甜甜"。

三个青年开的青年火锅，也是从这老小区楼脚简陋狭窄的门店开始红得飞起，如今分店遍布成都。

排队，似乎是这个老小区的一大常态。深巷子里，黑哥串串是资格的苍蝇馆子，也是几点开门几点就开始排队。曾经有人去了 6 次，却都因队伍太长而始终没有吃上。

听人说黑哥串串对面曾经还有家九锅兔，好吃到店里的每一样都让人无法割舍，可后来也不知道什么原因就不开了。

据说在新鸿社区还可以偶遇一位神似马云的网红保安，柯全寿大叔，不知道是不是走错了入口，一直没有见过真身。有机会，也想学街坊邻里那样叫他一声"马哥"，就是不知道他会不会生气。

从小区走出来，在新华公园后门那条街走走逛逛，也不乏美食。即使有数不清的火锅店对着开，也挡不住巴蜀大宅门、老革命门口永远排不到尽头的队伍。

蛋烘糕、日料、火锅、串串、奶茶、面馆、烧鸡公、稀溜粑、苍蝇馆子、霸王虾……人们似乎可以在这找到自己想吃的一切。

至于被一堆美食包围着的新华公园嘛，还是和所有公园一样铺满了跳舞唱歌的朝气蓬勃的老年人。偶尔去打打羽毛球，听跑调的麦霸大爷操着川普唱老歌，也挺好，满是烟火气。

● 小通巷槐树街支矶石……加起来才是长顺街

XIAOTONGXIANG HUAISHUJIE ZHIJISHI……
JIAQILAI CAISHI CHANGSHUNJIE

/ 彭何

长顺街区，是目前为数不多的能闻到成都最地道市井生活气息的街区了。

长顺街在清代的时候并没有名字，在满城拆除后最先叫"通顺街"，后来才改名叫
"长顺街"。

那时，它已是满城中间一条中轴线式的主通道，主干道两边是很多的胡同——现在
的街道依旧保持了原来的格局：二道街、三道街、四道街……

除了著名的宽巷子、窄巷子、井巷子，小通巷、槐树街、黄瓦街、奎星楼街、泡桐
树街、支矶石街、桂花巷，这些光是看名字就很美好的街巷，也静默地停留在这个
区域里，停留在一段时光中。

小时候从西边坐 62 路进城，经过长顺街，宽敞的马路看起来和其他街道并无差别。
作为一个路过者，印象深刻的就是街口那永远热闹的菜市场。附近每户人家的食材
基本来自此。菜市以前烂糟糟的，现在规整多了。

在长顺街片区，宽窄巷子简直就是招牌。吃火锅、看川剧、品盖碗茶，再掏个耳朵尝点小吃……外地游客来成都要十有八九要去转一圈。现在宽窄巷子的时髦气息让老一辈的成都人适应了很久。在他们眼中，以前破破烂烂的宽窄巷子才是最地道的老成都。

用朋友海波的话说："现在的宽窄巷子已经完全不是我记忆中的老成都了。"他读的小学就在宽窄巷子景区边，每次陪外地朋友逛，就忍不住要到母校门口看看。

长顺街两边在清朝时是满城，全是和北京一样的四合院，这二十年的城市更新，满城里的四合院拆得只剩景区里的几座，再也看不见黑色的墙面和青砖。

长顺街左右两边的每条小巷子其实都有故事，有特色。

川军将领刘湘、美国前副总统华莱士和诺贝尔文学奖获得者海明威都曾在这附近生活过，这边有很多外面未曾涂刷过的红色单元楼，感觉里面做饭还是烧的蜂窝煤。长长的走廊，路过的时候仿佛还能够闻到从20世纪飘来的邻居的饭香。

在成都人心目中很有分量的华兴街煎蛋面最早并不是开在华兴街，事实上它的前身是从长顺街开始的。

据华兴街煎蛋面现任老板傅治义回忆，1901 年，他的爷爷傅如竹在长顺街 213 号以家为铺，专门特制铜锅、铜鼎、铜瓢、铜勺，始创"铜锅煎蛋面"。

有朋友说当年长顺街岂止有华兴街煎蛋面，治德号、夫妻肺片、叶抄手、贺水饺、无名包子、海式包子、八宝海味面、大碗面、太安居、耗子洞、口口香、黄牛肉、朱记……每家都有着记忆里的味道。

夜市是鬼饮食的集中地，也是普通人讨生活的地方。你可能不晓得长顺街以前也有过夜市，稍微有点岁数的人可能在这里摆过小摊，或许和朋友在路灯下边吃烧烤边畅谈人生，或许在这里淘过旧书。

后来，长顺街拓宽，夜市也随之消失，只能成为回忆。

成为回忆的还有仁厚街的卡夫卡书店和南糍旧书铺。卡夫卡书店的主人是个女诗人，橱窗里面有一幅巨大的卡夫卡肖像素描，文化氛围浓郁，在 20 世纪吸引了大批知识青年前来。就跟现在的文艺青年喜欢去方所转转一样。

南糍旧书铺的主人是一个老头儿，脾气比较古怪，只看书不买书的人肯定要被他说。不过很多人还是喜欢厚起脸皮跑去看。

很多人应该还记得以前西马棚街口子上的海式包子。那个女老板没事就穿着一双鲜红拖鞋，那是当时这个城市不可多得的亮丽。她们家卖的猪肉芽菜馅儿的包子，油水非常足。现在的人应该会觉得腻人，不过在那个并不富足的年代，这非常完美地契合了劳动人民对油和脂肪的需要。

当然，八宝街的 8 号花生，实业街口子上的郭汤圆，宽窄巷子附近的雅川肺片，红墙巷附近的韩包子……每一家说出来都会让人想起在那里度过的美好时光。现在都还卖得很不错，外地朋友很喜欢。

隐藏在宽巷子繁华背后的是小通巷，曾经号称成都最文艺的街道。

茶馆有一个不高的小楼，楼旁边是一棵还算粗的构树。除了在院子中喝茶，扎堆坐在巷子边上边晒太阳边喝茶也是地道的成都要法。就是在这不起眼的地方，喝茶的同时不晓得有多少笔嗨生意就敲定了。

其实，除了奎星楼的人气店铺较为集中外，每条巷子都藏有那么一两家别致的文艺小店等你去发现。更好玩的是文艺小店和麻辣火锅店总是交织在一起。吃完地道的成都火锅，然后再到隔壁的小店品一杯印尼猫屎咖啡，或淘一点有意思的小东西，毫无违和感。

文艺店家喜欢这边是有道理的。

曾经朵朵家、风和日丽、四号工厂、万事屋的黑啤和 BBQ 烧烤店的烤鱼，在文青中可谓无人不晓。焚香、品茗、谈梦想，或者干脆坐在老树下发呆，成都的慢生活态度在这里展现得淋漓尽致。

当年小通巷拆迁的消息可谓震动了整个成都文青圈。随着半条巷子被拆掉，小通巷也开始没落。现在文艺店子大多搬到了对面的奎星楼，文艺青年们马上换了约会地。

在长顺街和同仁路之间的巷子叫槐树街，它最让人熟知的称呼是"橱柜一条街"，不长的街道上大约有100 家橱柜店，好多成都人家里面的橱柜应该就是在这边买的。当年的槐树胡同有过很多老槐树，还有一片槐树林。现在路上种的是梧桐。

长顺街区的茶馆多，过去最为大家熟知的是焦家巷的"田园茶馆"。

随意拐进长顺街区的一条小街，都能够瞬间完成从闹市喧哗到静谧生活的转换。每条巷子都栽种有不同品种的树木，树木都顶着巨大的树冠在争夺雨水和阳光。树荫下，"树里"这种卖世界各地精挑细选来的小玩意儿的店，值得走进去探索和发现。

小卖部、杂货店自然也是遍布巷子，柴米油盐酱醋茶，下楼走上几步就能买到。和老板熟悉的不止附近的住户，还有开出租车的师傅。他们想要买一包烟，车子直接停在小卖部门口，喊上一声："老板，拿包烟。"

老板也不问什么牌子的，不紧不慢地去店里面很默契地拿出一包递上去，他们是不会出错的。

泡桐树小学、树德实验中学，还有附近的一些幼儿园，很多人就在这里度过了自己的青春年华。校门口的文具、玩具店依旧还是那么几家，路过时都还能够想起以前省下早饭钱去买一包游戏王卡片后的愉悦。想起校门口还有卖老冰棍和绞绞糖的，心头顿时翻腾出一丝甜蜜。

长顺街这片区域应该是有着成都最密集的古银杏。有人还记得，小时候到姥姥家串门，后院里就有一棵老银杏树，自己和小表妹在老银杏树下听鬼故事，当年发出的惊声尖叫还回荡在脑海。

长顺上街街口上的"金河宾馆"有着成都乃至西南地区最早的旋转餐厅。宾馆是 1989 年建成的。那个时候，条件好一点的家庭也只能答应孩子考了双百分才能去旋转餐厅吃。当时很多小孩都曾梦想着去 17 楼的旋转餐厅吃一顿。

十几年前，旋转餐厅被拆。现在每次路过也仍旧只能想想了。

每条巷子基本都有沙发和大伞布置的"据点"。闲来无事的时候，停车管理员就坐在上面小憩，或者和熟悉的人摆点张家长李家短。

● 宏济路，向西拥抱九眼桥，
　　向东回归老成都

HONGJILU，XIANGXI YONGBAO JIUYANQIAO，
XIANGDONG HUIGUI LAOCHENGDU

/ 康筱韵

从合江亭往东，分别是九眼桥、宏济街区和海椒市。九眼桥喧闹，铺满了年
轻人，莲桂路和海椒市市井，是老成都人的记忆。宏济街区在中间，成了连
接成都新老面貌的过渡空间。

宏济街区，一个说不上"老"的街区。

早几年，更多时候人们喜欢把它归为九眼桥的一部分，近几年，它却以越来越独特的姿态奋力冲破九眼桥的光芒，低调说一声："请不要叫我九眼桥，我叫宏济路。"

从九眼桥往东走，只需穿过一环就能走到宏济路。和九眼桥的喧嚣相比，一街之隔的宏济路称得上是闹中取静。和有故事的玉林、有历史的春熙路及有市井记忆的海椒市相比，宏济街区又是个太年轻的街区。

2000 年以后，随着周边楼盘拔地而起，才慢慢有了今天宏济街区的雏形：宏济上路、宏济中路、宏济新路、宏济巷，街区不大，街名专一，让初来乍到的路痴有点尴尬。成都人郭特在 2003 年搬到了莲桂路，从她家窗户往一环望去，那时的宏济街区还只是一块块被圈好的荒芜土地，在之后的几年，卯足劲地向上生长。她说："真正热闹起来也就是最近这几年，突然多了很多，呃，你懂的，文艺小资的店。"

不过，我更愿意用"有意思"来称呼这一片街区的新鲜小店，因为它们总能让第一次走进的人感到：闹市背后别有洞天。

坐着 152 路从牛王庙拐进宏济中路，窄窄的街道两边小区林立，有一种进入别人家后花园的感觉。这里的店门脸都不大，有着"社区店"的基因，但都自带一股腔调。连面馆都装出了咖啡馆的氛围。

最小的店甚至只有一扇门那么窄，进深不过数米，却惹得每个经过的人都忍不住往里瞄上两眼。

文艺又有腔调的店比比皆是，一开始最扯眼球的是陈小姐的店，现在变成了醒食店——一家贩卖法式甜品和面包的店。第一次经过时看着门口从招牌到展板全是英文，只在小小的角落有两个小小的中文字"醒食"，装潢温馨又精致，像极了法国电影里看过的公寓楼下小小的社区店。

宏济上路曾经鼎鼎有名的九号咖啡馆，有着成都最贵也最好吃的蜜糖吐司。大学刚毕业那会儿，蜜糖吐司还没有遍地都是，第一次去尝鲜竟有种"朝圣"的心情。虽然前几年已悄悄关门，但却留下了我人生中对蜜糖吐司的美好印象。

可能因为街区不太老，所以能讲的故事不多。值得一提的是宏济路上那所娇子小学，很多年前其实在九眼桥北桥头，那块地很小，所有小学生都在楼顶做操。每个经过九眼桥的人都能一眼瞥见。有趣的场景，但毕竟还是危险。不久后小学扩建了操场，后来又直接搬进了宏济路，于是，小朋友在屋顶做操的景象就再也没有见过。

脚步稍微往莲桂路方向挪一点，老成都的气息就渐渐浓郁了。

不过，曾经这里活动的多是周围的居民，现在由于宏济路的崛起，吸引了越来越多的年轻人专程前来。

慢慢地，甚至连一些无名小店都开始排起了长队。不远处的莲桂西路上也不乏各种大大小小的餐厅。其中有间名头响亮的烤鱼连锁店，门口常常排着长队。

时光倒退十年，这里也是热闹非常，是一家名为"京都大宅门"的北京涮羊肉馆子，老板京腔浓厚，门口墙上贴了很多京剧脸谱。一边涮羊肉一边听京剧，当时的中学生郭特每次去吃都觉得无比洋盘。毕竟，那时在她的世界里，除了这家，成都再无如此高档的涮羊肉。

莲花南街离宏济路不远，十年前，在一片中餐馆里凭借整条街的烧烤串串芋儿鸡杀出一个"好吃街"的美称。

这些年，随着周边选择越来越多，也就没落了。只剩角落里藏着的、外表极其低调的转转会，让成都人款待外地朋友时，一推门就感受到老成都风味。不止转转会，附近的几条街的店似乎都有一个共同点：门面毫不起眼，里面别有洞天！

比如宏济新路上的一家店，老板换了好几拨了，从以前的柴家大院火锅到现在的大院河鲜，外表都普普通通，但一踏入门庭，就能看到冒着"仙气"的庭院，相当有特色。早几年周围的居民请客也喜欢来这，显得独特有品味。宏济新路上最没有变化的大概就是莫名堂面馆，附近的人一吃就是好多年，老板儿没变，自然味道也没变。

小小的宏济街区，几乎都能书写一部美食江湖了。来了一个大龙燚，大虎火锅紧接着拍马赶到；来了一个兄弟船，池田屋日料也火速扎堆；先来的 Hibake，被文艺至死的醒食后来居上……

往西走，拥抱醉生梦死的九眼桥，往东走，回归平静的老成都生活。

宏济路在中间，不西不东，刚刚好。🔶

● 知道三圣乡是因为有三个圣人的
成都人请举手

ZHIDAO SANSHENGXIANG SHI YINWEI YOU SANGE
SHENGREN DE CHENGDUREN QINGJUSHOU

/ 胡琴

从小学一年级到初三，九年的时间，我都住在三圣乡。那个时候，家里的亲戚朋友都在做与花有关的工作。确实，很长一段时间三圣乡都是"农家乐"和"花市"的代名词。最近几年三圣乡的变化真是太大了，朋友去三圣乡耍拍了照片发朋友圈，我竟然一点也看不出来这是自己生活了这么久的地方。据说，三圣乡已经变成了成都的"小清迈"了。

沿着成龙大道，一条路拉伸开，三圣乡的各个景点就散落在成龙大道的四周。三圣乡还有个名字叫"三圣花乡"，因为这片土地一年四季都被花包围着。

三圣乡这个名字其实是因为有三个"圣人"。据说很早之前，三圣乡建有一座清代的三圣庙，供奉着炎帝、黄帝和仓颉。但是现在已经找不到这座庙的踪影了。高店子花卉批发市场，一年四季都热闹非凡，不管是大盆栽还是小多肉，走进去憋憋要挑花眼。每年情人节之前，花卉市场的各个摊位要忙整个通宵，就为给秀恩爱的人准备玫瑰花。

生活在三圣乡的人一般不得说"花卉市场"，他们都喊"花博会"，那是因为 2003 年在三圣乡举办了四川省首届花博会。但在后来，这个有十多年历史的"花博会"也搬了。最好耍的是到了冬天，从三圣乡回城的路上那叫一个壮观，开私家车去耍的后备厢都是敞开的，装了满满的蜡梅，坐公交也是，几乎人人手上都拿着一把蜡梅，真是香闷了！

我在一切都与花有关的三圣小学读书，学校每个季度会以不同的花来装饰学校，浪漫得很！更可爱的是，每个班都有一个与花有关的名字，一年级一班叫海棠花，二年级一班叫迎春花……但是有个问题就是大家相互都记不住对方班级的名字！

三圣乡什么多？除了花，就数农家乐最多。整条街上，一家挨着一家都是农家乐，老板娘还要站在路边招呼你："来来来，吃饭，喝茶，搓麻将，里面有停车位！"

著名的"五朵金花"其实是分散在三圣乡的几个小景点，配合春夏秋冬一年四季花开不败，它们的名字也带着各个季节的特色。春天的花乡农居，夏天的荷塘月色，秋天的东篱菊园，还有冬天的幸福梅林，最后一朵很实用，叫江家菜地。

幸福梅林的安隅小院、红砂村的子曰书院……这几年三圣乡突然出现很多小而美的民宿。大家也喜欢在这里找个院子，周末住一晚，瞬间给人一种在异国度假的感觉。

三圣乡现在不只是红砂村村民的家，在这个地方你还听得到纯正的北京腔，或者是完全听不懂的异国语言，说粤语、讲英语的朋友在这里可以坐在一张桌子边吃饭聊天。

来自广东的大班和妻子丁丁放弃了原本的稳定工作，在东篱菊园小巷的角落里开了一个手工制作木质家具的店打发时光，每天埋着头在自己的工作室设计、丈量、打磨。来自比利时的玛丽卡和广东人三姑一起在荷塘月色开了间三姑民宿，不为赚钱只想和大家分享地道的广东私房菜和民间手艺。

我问他们："世界这么大，你们为啥偏偏要选在三圣乡安营扎寨？"他们的回答里有一个共同的词：舒服。

每个人都能在三圣乡找到自己觉得舒服的地方，不喜欢清风雅静的，可以去农家乐摆龙门阵嗑瓜子。

三圣乡还是个办同学会的圣地，周末农家乐里一定有一群人是二十多年没见的老同学，吃过了饭喝饱了酒他们会拿着话筒高声唱："在那桃花盛开的地方……"

三圣乡还有两个艺术地标，许燎源现代设计艺术博物馆和蓝顶美术馆，每年都有各种展览。在农家乐吃了午饭，也不要忙到马上搓麻将，还可以去看看某个法国艺术家的油画展熏陶一下自己。

年轻人来三圣乡有一套自己的娱乐流程：真人 CS 俱乐部 + 自助烧烤。三圣乡前几年冒出了很多个真人 CS 俱乐部，一群学生娃娃或者公司的年轻人换上整齐的迷彩服，拿着枪，就马上开打。还有人喜欢玩综艺节目里的撕名牌，地方足够大可以撒开了跑。要饿了就能去另一边烧烤，吃肉。

　　3000 多亩的白鹭湾湿地公园，干净的跑道周围种植着当季的鲜花，租个自行车慢悠悠地骑，和相亲对象一路走一路谈，说不定就在清新的自然环境里谈成了。也难怪有人会说："三圣乡是成都人的后花园，生活在这里慢下了脚步。"

● 重新发现致民路

CHONGXIN FAXIAN ZHIMINLU

/ 彭何

夜晚，年轻人在九眼桥的酒吧举杯，跟着节奏和霓虹灯"动次打次"扭动；白天，老年人在致民路的茶铺打牌，搓麻将和龙门阵的声音此起彼伏。不足十米的短小巷子勾连起两条街两个群体。

老年人，饭后在九眼桥的林荫下吹风纳凉；年轻人，酒前在致民路的马路边吃面烫火锅。喝完酒，还是那群人，凌晨又继续吃着鬼饮食。

一前一后，一动一静，资格成都人的吃喝耍法，不冲突，很和谐，会耍的成都人把致民路盘活了。

老故事

社区小公交从致民路的起点站开出，兜兜转转在林荫中又开回致民路的终点站，老成都人对致民路有特殊的感情。致民路 50 号，曾经是耀华食品厂，这里生产的糖果，大概可以和上海的大白兔媲美；31 号，是芙牌洗涤用品公司，曾经成都人家家户户用过的芙蓉肥皂从这儿来。

更久远一点，致民路确切的历史在 1938 年之后，那年开辟了新南门，取"致民以治"的意思，有了致民路。当时国内难民蜂拥至成都，政府为了安置这些难民，从东往西在致民路两边规划了十一街、十二街、十三街、十四街、十五街、十六街。

现在的十一街是成都少有的老断头路，路上立着三两棵老树。曾经有个猫猫庙，也叫老虎庙，年代古老可追溯至明朝。在清代的地图上，那时门前的路还叫老虎街。街名改了，老庙前几年也没了，挂了个牌牌，只剩 20 世纪 30 年代修的一排老房子还保持着老成都的风貌。

老茶馆

致民路十一街以前有七家在卖茶，文化界人士常去，现在只剩下三孃一家。

开小卖部的是五孃，她的短发卷起，时常抱着一只玻璃茶杯招呼客人，没拿水杯的时候双手便交叉抱在胸前，很干练。老年人坐在街角看报，年轻人闯入拍婚纱照，一只笼中狗叫个不停。

茶只有 10 元和 15 元两种，标准盖碗茶，喜欢哪个位置老板就给你把桌子椅子抬过去。刮动盖子，轻吹两下，茶香浸满唇齿舌尖。

街沿两侧，附近的居民在这里搓了几十年的手搓麻将，价格从几年前的两元一位涨到现在的三元一位，包含茶钱，低廉的物价，时光仿佛静止。下午五点，麻将准时结束，发黄发旧的竹椅，红漆方桌通通收起，塑料板凳和小方桌铺好。此刻，是致民路的火锅串串鬼饮食时刻，餐饮大佬在熙熙攘攘的车流人群中登场。

鬼饮食

中午幺鸡面，下午十一街喝茶，晚上虾脑汇、逗号田螺，转场去河边酒吧喝点酒，深夜再继续回到致民路的重庆嘉陵老火锅、马路边边麻辣烫，或者李不管把把烧、朴田、霸王虾……

新新旧旧，突然就有了二十多家店，但在致民路吃饭，依然是老成都邻里街坊的感觉。

十多岁的时候，原源就在九眼桥的酒吧里开瓶子，六年前他租下十一街的茶铺，开了这家三木子虾脑汇。没人看得上的地方，他和房主签下了长期合同，每月固定 1600 的房租，高瞻远瞩让后来者羡慕。现在这边的铺面已经涨到 3000，还不包括八万块的转手费。原源见证了致民路美食的发展兴盛。

十一街的茶铺一间间分别变成了牛杂火锅、好吃面、幺鸡面和逗号田螺。两层的木房子，下面开店，上面住人或堆杂物。

茶铺上打牌的，还是那些周围的老邻居。

老馆子

要知道，几年前的致民路，晚上八点之后，路上可一个人影都看不见，冷清得吓人。只有几家老馆子，知道的人悄悄吃了很多年。

十一街苍蝇馆子每天只卖中午，一点过去只能吃剩菜，两点过关门。馆子本来是一位婆婆在经营，后来儿子接班，卖了三十多年，成了川音师生的第二食堂。家常味的炒菜，无论是炒法还是口感，让人舒服。

致民路的中餐不多，百年粉蒸牛肉可以排进成都苍蝇馆子十强，老板姓罗，老平房小庭院。现刮的鳝鱼血染红了盆子，入味有韧劲。最棒的还是粉蒸牛肉，不干不湿，辣椒恰到好处。

虾脑汇只做鬼饮食的生意，下午五点半，玻璃橱柜中堆满了卤菜、小龙虾、酱排骨……勾引着老食客的胃。虾肉肉质肥美，辣味霸道，加了高度白酒的蘸水虾，已经在为转场后的酒吧时间预热。

致民路最好的田螺要去逗号田螺找，就在虾脑汇隔壁，田螺大个，香辣口味最受欢迎，螺肉紧紧吸收了辣椒和蒜的香味。他们家的豆豉鲫鱼也是一绝，肚子里塞了脆黄豆，嘎嘣的声音之后，三杯五杯啤酒下肚。

吃面，就去找幺鸡面。幺鸡面是后来搬到十一街的，男老板幺鸡去杭州开拓之后，只留下女老板煮面拌鸡，都还是熟客喜欢的味道。十二块钱一碗的牛肉面，两大坨牛肉几乎快铺满碗口，实在。

脆绍面的炒法都还是老成都的做法，从头吃到尾都脆。每天还是有顾客愿意给十块钱的停车费来专门吃一碗牛肉面。周围人也爱来，不光为填饱肚子，一碗面也可以是对生活的享受。

转去转来

每天晚上八点过，时间一到，十一街的馆子准时收摊，这是众多商家的约定。否则打扰了隔壁小区居民的休息，不好。没人想要破坏这种和谐的氛围，也不敢。这些老板最初选址致民路，很重要的原因就是被这种氛围打动。

有点老，也好耍。

晚饭后，有人转场去了九眼桥的酒吧，刘艾迪几乎每天晚上都在 808 酒吧唱歌，现场的质量算是高的。喜欢美女多一点，那去妲己酒吧，九眼桥总有一间酒吧是你中意的风格。

喝完酒，所有人还是要继续回到致民路，火锅串串麻辣烫整起，一天才真正开始。重庆嘉陵老火锅已经在成都开了好多年，冒椒火辣的老板侯哥经常要去吃，吃出了好多食客不知道的隐藏菜单。

重庆嘉陵老火锅新店的老板张觅也是自己一个人悄悄吃了四年，实在太爱这家火锅才决定在致民路开一家。张觅第一天和老店老板聊了八个小时，之后空了就跑去老店，从扫地收桌子之类小事做起，花了一番苦功夫才把老店的味道原封不动带到致民路。

地道重庆火锅，牛油纯正浓厚，不提供蚝油，每天五点送到店里的鸭血、毛肚、鸭肠，不能再新鲜了。

聂聂老火锅的罗老板在致民路开了一家老签签儿重庆全牛油串串。环境一般，但串串牛油味够重，五六种牛肉也是满足了肉食爱好者的所有需求。致民路上的其他店老板都要跑去吃。不管再好吃的东西，也要轮流着吃才更香。

情 谊

大树之下，人围坐在狭窄的路边，也只有在成都，外场总是比内场先坐满，哪怕是阴天也不例外。凉风吹过，抬头往上，目光穿过老树枝，一扇布满灰尘的小窗半开着。

吃重庆嘉陵老火锅的人要在对面喊一份百年粉蒸牛肉才算数，端一碗幺鸡面的人实际上坐到了虾脑汇的堂子里。

串起吃在这里很流行，大家都是熟人。老板们在致民路上做生意，是老成都街坊邻居的感觉，店与店的老板之间也没有嫉妒之心，是生意，更是生活。

一个月内，至少有那么三四次，致民路上十来个店的老板们总会集中到街上某一家店相互喝酒，三四个小时的时间，大家为这家店的新品把关提意见。喝醉了，大家各自散去，相约下次继续不醉不归。像街坊邻居的小麻将一样，明天下午，继续来打一元哈。

在其他的地方，你很难想象会有这种氛围，每家店都像在打仗一样，老板之间，相互也不待见。

李不管把烧的李老板每天都会在三个店之间巡视：南门店每天都像打仗一样，七八个一组的人来就餐，随时都在催菜；而致民路的店就是细水长流，通常是两个情侣来用餐，刚从酒吧出来，微微醉意，聊不完的情话，哪还有时间催促。

致民路靠近新南门地铁站的一侧，是陈川的马路边边麻辣烫。现在每到饭点依旧有大量的人排队，人们不急不慢坐在外面嗑着瓜子聊着天，等待着自己的号码。童年的主题麻辣烫，那是 20 世纪 80 年代的感觉，铞锅、小卖部和高音喇叭……致民路古旧，马路边边怀旧，对路。

慢节奏

再着急的人，再怎么在酒吧中莺歌燕舞的人，走上致民路，都还是会静下来，规规矩矩慢慢吃慢慢喝。

这是致民路的节奏，积淀了几十年，不慌不急，有市井的味道；喝一碗茶干一杯酒，龙门阵摆开心，所有的事情就开心了。

当然，不说一句话也可以在致民路过一个下午。

从一条巷子穿进去，玻璃柜中，传说中的三哥麻辣小吃，卖了快 10 年；另一个巷子，一个建筑工地旁，光头大师傅的三轮车盒饭慰藉民工的心；街边一家张师鳝鱼面，据说不是你熟知的那家张师鳝鱼面……

致民路大概快成了小通巷、奎星楼。但这边没有旅游的人群，更本地，更有老成都的市井，更好耍。∏

● **重新发现华兴街**
CHONGXIN FAXIAN HUAXINGJIE

/ 彭何

春熙路、太古里兴盛起来之前，成都最火最热闹的是商业场和华兴街，这才是中心的中心。

20 世纪五六十年代引领成都时尚潮流的，就是华兴街。隔这么久，那天偶然走到华兴街，我以为这边已经衰败得不像样子，没想到，虽不及当年，但还是有那么高的人气，尤其是吃的。

水泥条纹的路面早已铺上沥青，小餐馆门口坐满了人，老成都人怀念的味道还在；新的精彩味道同样让人着迷。这股新旧交织的活力，从来都没有辜负这儿曾经是成都最热闹的地方。梧桐树的紫色花蕊，依旧年复一年开得绚烂。

华兴街的老派

华兴街的历史，比春熙路总府路都久。最先叫"皇华馆街"，后来清朝末期，取"繁华兴盛"的意思，改成了现在的名称：华兴街。也确实如"繁华兴盛"所传达的意思，华兴街在那个年代，集中了一大批成都标志的建筑和机构。

成都第一支专业的消防队就在华兴街，消防队搭了个五层高的楼，叫"望火台"。每天都有消防员轮流在楼顶值班，老城墙内的一切火情看得清清楚楚。

消防队的对面以前有栋两层高的大楼，哥特式建筑的风格，浮雕上的题材是古希腊圣女，裸露的身体，在那个年代很前卫。这座西洋风格的大楼，1949 年前是民资银行"聚兴诚银行"，1949 年后变成了中苏友好协会成都分会，前苏联的高科技展览都在这里举办。

再后来，大楼变成了"省府礼堂"，每个星期六，一些"重要人士"都要到这里来跳一两个小时的交谊舞，再观看"内部电影"。这座大楼早就在 1985 年被拆除了，拔地而起的是五星级大酒店。

小市民的最爱

市井中的人最喜欢华兴街的什么？那非商业场、悦来茶园以及锦江剧场不可。热闹，嘈杂，有烟火气。吃耍极度丰富，现在都还是。

商业场的一头连接着总府路，另一头便是华兴街。商业场最先是叫劝业场，宣统元年（1909）开业。

那二年辰，平头百姓要专门到商业场来看繁华的电灯。这里是商界名流云集的地方，英美烟草公司的巨幅彩色广告、巴黎香水的广告四处悬挂，街口还有密集的人群散发着治疗痔疮的小广告。

那个年代时髦的服装、点心商店、钓鱼竿店、百货店一个都不少，以前楼上还有成都人经常光顾的"紫罗兰""红玫瑰"舞厅。

现在，商业场依旧是小百货扎堆，生意稍显冷清。楼上的舞厅变成了一间间火锅店，仍然热闹。

华兴街的戏窝子

吃完火锅，还是要回到华兴街，喝茶听戏都好。

华兴街是川剧的窝子，最早这儿有"梨园祖师"李隆基的庙宇，福泽宝地。清末实业家樊孔周把庙拆了，修成了悦来茶园，朱红色的门廊圆柱，幽静的小花园，一杯三花，一段川剧，小商小贩穿梭在座椅之间。

人来人往的地方，信息流通，成都百姓的荤素段子大多都从这儿来。听说重庆来的某师长的专车又把哪位俏姑娘接走了，不从？那就划脸。

时代更替，悦来茶园在拆除之后变成了锦江剧场，名称样子变了，但川剧的唱腔还一直绵延。

华兴街当时聚集了很多穷苦的唱戏人，受神明庇佑成为大器的只有少数。陈书航的折子戏，邹忠新的金钱板，李月秋的清音，都是那个时候成都老百姓在华兴街心心念念的声音。抗战时期，教育家叶圣陶都还曾多次在华兴街看戏。

场内热闹，门外也热闹，等着捡漏买票的群众，挑着担子做小生意的商人，熙熙攘攘，瓜子胡豆的叫卖声中，夹杂着卖叶子烟卖甘蔗的声音。一节节的甘蔗，上面雕刻着唱戏名角儿的名字，讲究。

最讲究的，还是要去盘飧市买用荷叶包着的卤鸭翅卤鸡脚，卤味厚重，边啃边看戏，绝佳的享受。或可再来二两全兴大曲。

依旧经典的馆子

盘飧市的卤味，是老成都人心目中的资格卤味。店名取自杜甫的名句："盘飧市远无兼味，樽酒家贫只旧醅"。卤菜配酒，成都人绝佳的搭配。逢年过节，必买。每天下午四点走华兴街路过，也必会看到一群人排队买盘飧大包。

飧字的标准读音为 sun，但成都人都说"盘 can 市"。国营老店的气质，盘飧市卤菜味道好，但服务，就请直接忽视。

盘飧市的隔壁，是成都名小吃龙抄手，手工包的抄手，皮薄肉多，外地人来成都，尝试一次，总是不错的。其他川菜经典的也有，据说20 世纪 60 年代，川菜大师张怀俊在龙抄手为小平同志制作的开水白菜就惊为天人。

老牌川菜馆子市美轩当时也在华兴街。普通市民阶层吃得最多的还是苍蝇馆子和面条店，便宜实惠上菜快，味道顶好。

华兴街煎蛋面是成都面条中少有的深受欢迎的白味清汤面。它其实一开始并不是在华兴街卖的，按照老板傅治义的回忆，是从长顺街一步步发展过来的。

华兴街煎蛋面的煎蛋表皮微黄，蛋黄柔嫩，葱花翠绿，番茄沙红，底汤浓郁，银丝面条细腻，每吸一口都很柔软。酸甜的番茄味道，丝毫没有掩盖住面条小麦的那股田野味道，这就是一碗上品白味面的妙处。非要吃辣，也可以嘱咐老板加上一勺辣子。

旧店搬新家

华兴街煎蛋面以前的店铺就在华兴街，现在搬到了梓潼桥西街，庆幸还在附近。

曾经一栋不起眼的小楼里集中了华兴街苍蝇馆子的巨头，依次是雨田饭店、锦江饭店、自力面店。华兴正街改造之后，曾经的热闹早已无处寻觅。

可再怎么搬，这些店也还是围绕在华兴街。每到中午，新店依旧人头攒动，还是当年的盛况。

雨田饭店搬到了华兴街尽头更靠近红星路的位置。去雨田，我每次都要喝一碗藕汤，藕块红润，口感软糯、面实，清香味浓郁。土豆烧排骨也极好，入味。再加一元来碟酸甜的泡萝卜解解油腻，完美。

华兴街的新店

同是中餐馆的锦江饭店新店开在了原址的对面，以前锦江饭店和雨田饭店打擂台，味道不输雨田，红烧肉肥而不腻，肝腰合炒滑嫩，几乎没有腥味。

新的自力面店和新的雨田饭店只隔了几个铺面。曾经的华兴街餐饮三巨头，现在都算数。自力面店最先是成都名小吃"金玉轩醪糟"的作坊，20世纪50年代公私合营承包给私人，变成了现在的面店。卖了几十年，素椒杂酱面、牛肉面稳当。牛肉脆绍面也依旧是老成都的做法，花椒麻，海椒辣，脆臊从头到尾都干爽。

成都特色的甜水面、担担面，以及豆花儿等等小吃，要去小谭豆花儿。夏日来一碗冰醉豆花儿，口味清甜，醪糟和豆花香配合在一起，滑嫩又甜蜜。

华兴街最靠近红星路处曾经有家新式中餐馆，是三爷里。环境在附近算小资，酱油饭是一大特色，咸中有果蔬的甜味。干锅也好吃，肉焦香不油腻，最爱的还是里面的小土豆，土豆泥捏合而成，外皮酥脆，香辣味过瘾。每次去吃，还会点上一份酸菜疙瘩汤，浓郁的奶白色汤，酸味爽口，一勺下去就足够开胃。后来不知道为什么开得好好的就关门了。

锦江剧场对面那家布衣豆汤，味道一直也还不错。之前名头完全被资历更老的雨田、锦江给盖住了。豆汤捞饭浓稠，豆子和肉嘎嘎都在下面。汤泡饭，怎么都是好吃的。

多大一盘的好吃兔，仔姜满满，兔肉紧实，入口是四川人喜欢的咸辣。小火锅的毛肚有点绵，鸭肠却极脆，还算好评。清炒的山药木耳，不油腻，夏天享用，很合适。

旧的新的美食都汇集在此，如果华兴街不能满足你对成都美食的好奇，那成都恐怕是找不出哪个地方更能满足你了。π

● 重新发现建设路……100 次

/ 康筱韵

建设路是残酷的。

哪怕你和我一样，每周起码从建设巷口路过 10 次，但只要对它稍微怠慢冷落一点，明明前一周才吃过的披萨店，这周再走到门口，就连牌牌都找不到了。

成都人对食物味道的挑剔程度和喜新厌旧的程度似乎在这里达到了顶峰，新旧店铺更替的速度令人发指。不受欢迎就滚蛋，就是这里的生存法则。

这次的重新发现计划源于朋友圈的天哥。每过一段时间，就会看到他在朋友圈里表达一次住在建设路的小确幸，配文的一大堆诱人美食照片几乎次次不重样，盘盘都新鲜，而同样住在建设路的我竟然一个都没见过！

我意识到了自己的宅和不争气。所以，在立冬后的某一天，决定再认真宠幸它一次，重新发现它……第 100 次。

当我们说到建设路的美食的时候，会习惯性地把范围圈定在建设巷和建设中路相交的十字路口处。

建设巷正街两边的门面走着截然不同的两种路线：街这边的店铺小而简陋，装的是鱿鱼冰粉火锅粉；街对面的店铺宽阔洋气，装着火锅日料叶婆婆。但并没有谁比谁更高级，好吃的都该排队排队，不好吃的，装修得再洋盘明天还是要下课。

最有名的几家网红小吃在通过十字路口后、街的最里面，他们有最小的店面、最油腻的招牌和最长的排队队伍。

十字路口向东一段的建设中路早就发展成熟，有着网红冰粉嬢嬢和永远打拥堂的山城风串串；十字路口另一边的建设中路也开始暗戳戳生长，让建设巷美食街的版图又向西扩张了一些。

乘公交车进入这片领域，一般会在建设路中段的第五大道门口下车。我跳下 6 路公交车，光着的脚踝和迎面走来的白花花大腿偶遇，没有人指着我们裸露的皮肤惊抓抓地喊："你不冷啊？！"是了，这是我们年轻人的地盘了。

跨进建设巷，左手边的楼面外侧在翻修，钢架落在街面，本来就狭窄的人行道只能容纳两人侧身通行。每一个小小的门前，食客坐在由钢架围出的更狭窄的小框框里。这一桌坐着穿皮衣的中年人，那一桌又是拥有"你的男孩 TT"同款脏辫的潮人 Boy，他们对这局促的空间都毫不在意，只顾着埋头，大快朵颐。

路过钢架没多久，就撞上排队的了，因为门口就是停车位，斜着生长的队伍直接排到了隔壁的隔壁的隔壁的书亦烧仙草门口。抬头看，周签签锅巴土豆，果然，新人又上位了！

上次走到这时它明明还很不起眼，而自从在《天天向上》把建设路再次翻炒了一遍后，它门前的队伍就没有断过。也是，它的土豆山太过于打眼了。要是以一个学龄前儿童的视角从队伍最前面的位置往里看，大概会觉得这个叔叔是踩在土豆山上面炸土豆的。只不过我去的时候土豆山明显已经卖掉很多，但依然壮观。

听说有三种口味可选，糖醋麻辣、干拌和麻辣，土豆外皮炸得很脆而里面很软。为什么是听说呢，因为在这个高峰期要买到他家的土豆起码得等半个小时以上！！饿得不行的人听后心里一紧，就果断放弃了。

饿急乱找食的我在路口左拐进了建设中路，在一家叫傅记排骨的油炸店门口就走不动路了——作为排骨狂热分子的自觉。

他家就只卖两样：炸排骨和炸肉。我买了小份炸排骨，15块。这个价钱在学校门口的小店里算是略贵了，可能因为是大肉。付了款发个小牌牌，等个5分钟，排骨就炸好了。吃起来的感觉，油爆爆很爽。味道就像是餐馆里面好吃的蒜香排骨，外皮酥脆，入口蒜香略带肉汁，不需要什么复杂的描述和形容，就是低调的华丽，味蕾的满足帮你打败胸腔的罪恶。美中不足的是，15块钱，两三口就吃完了。

说实话，来一趟建设路，你不一定能吃到成都最好吃的东西，但一定能大致了解最近成都美食界在流行什么。

比如，乐山血统的小吃们。招牌有"乐山"字样的就有3家：建设巷正街的显眼位置，有网红钵钵鸡叶婆婆；山城风旁边的小路上，有一家小小的乐山油炸串串；逛到第五大道，还有家招牌打着"老乐山"3个大字的烤鱼片！每一家店内都人头攒动。

再比如，一夜间遍布全成都的现捞，建设巷当然也不会少。位置稍差的宓记现捞招牌上打着始于1978，但当你正儿八经去问好久开业的，老板又会老实巴交地扳起手指头给你数：开4个月了，我们是加盟的。

同样正流行、装潢得小而美的甜品店也是有的，在一片油腻小铺里特别打眼。白底黑字走文艺范儿的书亦烧仙草，门前的人明显比过气网红大通冰室多；清新范儿的树夏，收银小哥哥长得和招牌风格一样清新干净；位置靠建设中路里面一点的万得冰田人气最旺。哪怕都已经深秋，也还是挡不住妹子们吃冰的热情，人多到随时都坐到了街边。说真的，隔着玻璃偷看到卖相，就让人蠢蠢欲动。

除了紧跟潮流，大概再没建设路这样，如此爱在吃上动脑筋的地方了。

眼看上一波网红店鸡翅包肥肠、徐胖烤蹄、嬢嬢冰粉的新鲜劲快要过去，马上就有新的吃货智慧结晶跳出来。

降龙爪爪红得不是没有道理，除了鸡爪稀溜耙之外，在口味上的翻新也让人满意——保留了传统的辣卤味，还新增了重庆火锅味鸡爪和泰式冬阴功味，特别是冬阴功味，酸酸辣辣非常入味，和鸡爪意外地搭。从排队时长和味道的比例来说，算是吃到性价比比较高的了。

隔壁的一根肥肠凭借亮堂堂的招牌直接把我吸引到了门口。吃个肥肠也是非常的花式了，有烤肥肠、烤肠头、卤肥肠和香碗节子。

办公室的同事包子前几天来吃了一份香碗节子，其实就有点像冒肥肠，他表示，肥肠处理得干净、软糯、不燥辣，加上没有排队，所以给了不低的印象分。我满怀期待点了招牌的烤肥肠。说是烤，其实是煮好后的肥肠用铁板炒，肥肠圈儿在老板的铁铲挤压下唧唧地冒油。

差不多快好的时候加点洋葱和年糕，最后放在小盒子里就算完成，视觉看起是丰富了高级了。过了油的肥肠表皮略带脆感，一口咬下去，肠油克制地在牙齿缝里飙，紧接着塞一口年糕，就不会觉得太腻。

就是分量有点太少，依然 15 块一份，依然两三口吃完。所以，现在大学生的消费水平原来真的比我读书的时候高得多了。

吃完肥肠往外走的路上，我又无法自控地打包了一杯烧仙草，突发奇想地吃了两个蛋烘糕，三步两回头没有排上队的锅巴土豆，甚至情不自禁地拍拍肚皮，听见了排骨、肥肠、现捞鸡爪的回响……才终于走出了建设巷口。

其实我的大脑是还没有满足的，毕竟山城风对面的肉夹馍还没有吃，消失了一段时间又重出江湖的梅干扣肉饼也没有买，朱小妹的烤五花看了两眼也只能遗憾地放弃，我甚至没有在一个有屋顶的空间里好好地坐着吃东西……

但是，我真的是吃不下了。

认真宠幸建设巷这件事，一个晚上果然是无法达成的——没有人有那么大的胃；而我也终于发现，要实时掌握建设巷的最新动态大概是不可能的，迟钝死宅的我，永远追不上飞速变化的潮流。

但是我大概能了解天哥所说的那种"住在建设路的小确幸"了：每一次的故地重游，都能成为一次"重新发现"。🎀

● 重新发现二仙桥

CHONGXIN FAXIAN ERXIANQIAO

/ 雷暺维

重新发现二仙桥，是一件很难的事情。

不仅因为它常年都在叮叮咚咚打围施工，而且还因为，二仙桥这个片区实在太大了。从八里庄往外，都可以笼统地被概括为"二仙桥"。

过去划定二仙桥的时候，我们指的是灯泡厂、红砖厂、机车车辆厂。这一片曾经是成都最繁忙的工业园区，直到现在也可以看得到矗立的烟囱和工厂的遗迹。

在二仙桥，住了十几二十年的都是小朋友，资格的老成都一住就是几十年。20 世纪 60 年代就扎根二仙桥的立政叔叔，见证了它一点一滴的变化。那时候二仙桥地处城郊，与农田为邻，与庄稼为伴，推开窗户就能看到田里的庄稼和辛勤劳作的人们。他们会在插秧时节点着火把或电石灯去稻田里抓黄鳝，也会在打谷子的时候跑到田间去抓蟋蟀。

那二年辰，二仙桥还是一片工厂和仓库的汪洋，广播一响，裹在蓝色制服和蓝色袖套里的人从大大小小的厂门里涌出来，奔向灰黄色的楼，打开窗就飘出了白纱的窗帘。楼顶的油麻藤攀满了整个花架，是厂子弟的露台花园。

厂子弟在这里度过了他们的青春。初中就在家门口读，食堂小吃窗口的麻辣炸土豆和绿茶肉松蛋糕最好吃。在二仙桥长大的朋友说，她每周日都在下涧槽夜市的面包店里买十多盒绿豆糕带去学校，班里所有女生都曾为这个味道疯狂过一阵子。

成都地质勘探学院也选址在这里，就地取过隔壁红砖厂的砖，全身披红。不过现在已经变成了麻省理工，哦不对，是"二仙桥恐龙研究基地"。

现在，当我们再次划定二仙桥，大致指的是理工大、下涧槽，还有186MALL。

从成华大道三段跳下，抬眼就是虹口烤兔。虹口烤兔的招牌硕大而醒目，铺排了将近四个门面。已经是中午1点，但堂子里仍然人声鼎沸。寒暑假不开门，老板坐在里面打麻将。朋友王圆圆说："上大学的时候从来看不上虹口烤兔，没进去吃过一次。没想到毕业了隔三岔五就要去打包一份。每次一想到假期吃不到，就屁颠屁颠儿地跑去买。"

在店里坐了五分钟，老板很快端上来一盘烤兔。大概得有半只那么多，但是却囊括了一只兔子应有的优秀品质：有的油爆、有的焦脆、有的嫩气，兔肉韧而不柴、油而不腻，挟裹着孜然的香味直冲天灵盖，把一个寡淡的中午都变得活色生香起来。

勤勤恳恳啃兔子的时候听了一耳朵闲谈，是老板在说今天中午已经卖了 60 份烤兔。60 份烤兔！那可得有 30 只兔子了。二仙桥的兔子呀，你们真是生得可爱，死得伟大。

过到马路对面，看见围墙旁边一条小巷，这就是通往下涧槽的秘径了。过了二十年，下涧槽依然保持着老成都的样貌，踏进巷子就仿佛踏入了另一个次元，穿越到二十年前的童年。

如果说理工大后门的虹口烤兔是二仙桥兔子们的最终归宿，那下涧槽就是二仙桥所有河鱼都跃不过的那道坎。很难想象一个社区里居然处处都是冷锅鱼招牌！

但今天不吃鱼，去吃天天梭边鱼对面的串串，一家号称只能外卖打包的串串。中午老板还没起锅，五平见方的小铺里，我和老板对峙了三分钟，老板才勉强同意我在一堆花花绿绿里找个地方坐下，等他烧灶开工。

老板实在人，一根串串上串起四坨排骨！端上来也不是一个钵钵一个碗，而是真的，就给你端上来整个锅，拣的那点串串飘荡在锅里看起来有点可怜。味道是社区的味道，价格也是社区的价格。

据说这家串串的不远处还有一家肥肠血旺惊为天人。

再一直向前，就是二仙桥农贸市场。过去的二仙桥堪比市中心，是四方游人的集散地，各地的口音在这里交会；今天的二仙桥仍然保留了集散地性质，来自仁寿的橘子、简阳的羊肉汤、广元的热凉面……汇集于此，组成了热热闹闹的市井景象。我无数次在这个四通八达的菜市场里迷路，出来的时候，手上就多了二两萝卜干、半斤热糍粑，还有金堂的老树橘和纽荷尔的皇帝柑。

现在的二仙桥真的大不一样了。虽然下涧槽里还是老成都模样，但地铁 7 号线开通、8 号线在建，背挨大型市政公园，旁靠国家地质博物馆，二仙桥现在真正成了地产广告里的"黄金地段"。

● 重新发现肖家河

CONGXIN FAXIAN XIAOJIAHE

/ 彭何

"肖家河啊，我晓得以前肖家河有很多那种按摩店。"这是朋友的印象。在我的印象中，肖家河靠着红牌楼，那里有相当多的汽配城。

五六年前在广福桥的一家店买过头盔、内胎，那应该是我距离肖家河最近的一次。

几年一个大变化，我去肖家河溜达了一圈。整体而言，烟火气息中看起来又很新，一种说不来的新，姑且就称为"整洁"吧。

曾经的肖家河，对年轻的租房客来说，喜欢，也不喜欢。有人曾吐槽过十多二十年前的肖家河，那阵他大学毕业，就在肖家河附近租了套房子。感言是"什么事情都遇得到"。

每到过年之前一个月，小区单元楼的小花台间突然就拴了很多土鸡土鸭，凌晨三点，打鸣声此起彼伏。他在网上写道："差不多入冬时节就有人在单元门口搭个一米高左右的棚棚，搬出来收集一年的柚子壳壳开始肆无忌惮地熏腊肉，时不时还有院坝头的人要找太婆帮到熏。"

如果遇到老人去世"打丧火"，坝坝宴就摆在小区之内，吃几天流水席，晚上至亲守通宵。这里仍旧保留着难以割舍的风俗和传统。

上午凉快，看到肖家河正街，那些坐在轮椅上或扎堆在街头板凳上的老年人，聊天下棋炸金花……我感觉老龄化有点严重。

住户众多，肖家河周围相当成熟。这也是资格老成都最先发展起来的区域之一。河边上钓鱼的老辈子扯了两下钓竿，他清楚肖家河情况有点复杂。

以前附近都还是一大片农田。北起广福桥的肖家河在清朝就存在，不过那阵根本没有名字，只是一条原始的河流，大概七八米宽。河两岸走亲访友得靠小船摆渡，那阵河上桥都没有几座。因为旁邻肖姓耕田户，才取名肖家河。就算到了 20 世纪七八十年代，肖家河路边还有粪坑，走路必须捏着鼻子，路灯也要亮不亮。

在肖家河街道刚刚成立的二十多年里，这里就属于成都老城和新城的中间地带。它几乎就是和高新区一起发展起来的。在九几年，肖家河由武侯区划给高新区管委会委托管理，而两边的玉林和红牌楼还是武侯区。

征地之后的"农转非",老城区低洼棚户区拆迁的居民,都搬到肖家河住起,最终形成现在的格局。大小各不相同的院落,每个院落里面住的人都不是随机匹配,而是同一个生产队的人。城中心拆迁搬过来的,也几乎是原来住在一个片区的人,就分进肖家河的同一个院落。

以前张家和李家为争点墙角打架角逆,搬到小区,至少这种矛盾少了很多。都住进了五六层的楼房,但里面人与人相处的模式和习惯,还是完全按照以前的规矩来。

骨子里依旧是熟人社会的那一套,自带亲近,很少讲究。明显和现在房地产商渲染的这样板块、那样板块不同。

一系列的社区治理之后,尤其这些年,肖家河的样貌看起来其实已经改变了许多。近来普遍翻新了小区的外墙,搭建了新的统一的雨棚,道路也换成了沥青,表面的破旧已经感受不到。

涂鸦硕大,塑料风筝呼呼地吹,治理后的肖家河不太像个已经有二三十年历史的老小区。不过有个例外,罗马假日广场现在看起来旧兮兮,几乎只剩网吧和文物古玩市场,我想拍两张照还要被古董贩子呵斥住。

谁能想到,这里也是肖家河的农田,后来在上面修起成都啤酒厂。再等罗马假日广场修起来的时候,也确实火过,里面有很多可以吃喝的。冒椒火辣的首店开在这里;里面的汉城轩,据说是成都最早有地暖和榻榻米的韩国餐厅,冬天去吃烤肉的时候时不时还能闻到丝丝被地暖烘烤后升腾的脚臭。

那阵还住在芳草街的朋友米真,除了去玉林中学之外很少到肖家河。但当罗马假日广场修好的时候,米真在那里打了人生的第一个耳洞,她也经常和同学去吃那家豪客来。住在肖家河很多年,都不一定能全部尝尽那些美食宝藏。据说郁可唯回成都,没事也喜欢到肖家河吃火锅。可能是五通桥大河坝黄辣丁,也可能是毛家鸡杂火锅,又或者是秤盘串串火锅。

老小区,横七竖八的巷子,多的还是面店。邱大爷的面据说是资格内江面,牛肉大坨,时不时也有牛肉干可卖。

围墙边上，拜居奇味面的招牌看起不输火锅店，但吃面的环境还是那样。高凳子放面放泡菜，人几乎是蹲在矮凳子上，但依旧是相当壮观的一排。门口还是停有奔驰，也有专门骑单车找过来的好吃嘴。退休的摄影爱好者，变换角度拍个不停，食客也见怪不怪。

各式单间铺面的小店在林荫之下交织在一起。清真皇城坝牛肉馆，肖家河老牌的馆子还在。刚刚还在菜市场附近骑三轮车卖花的大娘，这个时候已经转到肠乐坊广州肠粉附近。

谁能想到在肖家河这样的老片区，会有一家广州美食店。吃过的人都说是成都市面上能吃到的相当正宗的广东肠粉。

肠粉半透明的薄皮，入口嫩滑，叉烧不柴也不腻，绿豆芽稍微脆生，没有抢味，美妙在细微之间。金牌虾饺皇的皮儿依旧很薄，每个里面两只大虾，相当有嚼劲。老板在这里开店已将近十年。从老乡那里接手，硬是从最开始只有右边的一间店不断开到现在三四间这么宽。原料全是自己给自己供应，更好地保证了水准。

而在西川中学隔壁有一间广元凉面店，它被认为是成都能吃到的最正宗的广元凉面。一度流传老板做凉面的水是从广元运来的，只有家乡的水才能做出家乡味。打包回办公室，同事黄大毛说他们很多老乡最爱去的就是这家。

为什么来自异乡的美食小店会集中在肖家河出彩，我并没有找到答案。

可能就是因为这里龙蛇混杂吧，真正包容。就连一碗以清淡甜蜜为主的肖家河醪糟蛋都可百吃不厌，每天 24 小时营业，出菜迅速，慰藉出租车司机和其他的夜归人。

玉林中学肖家河校区的学生，最爱的是学校隔壁的阮孃冒菜。老主顾都喜欢喊老板粑婆，可爱又怪怪的称呼，也不知道缘由。有人说是因为她姓"阮"，四川话喊就是"粑"，大家喊着觉得乖，所以就一直喊下来了。

就像每一个老小区都有好吃的烧烤一样，肖家河的烧烤在成都也都排得上号。可说的有两家，一家是西川中学那边的谢烧烤，最早是在百花小区附近做生意，搬过来，晚上人依旧爆棚。

另一家的大名就叫肖家河烧烤，距离醪糟蛋相当近。实在找不到，在肖家河一打听便知。好吃到哪种程度呢，有人说每天下了晚自习，全班都会一起喊外卖，各种十五二十在店里满头飞。老板也是从一家小摊开到了现在的两三间铺面。

很不幸，也是意料之中，所有的烧烤中午去都没戏，门关起的。我赶紧吞下清口水，然后走掉。

这个时候，回头去肖家河河边上的崇德园喝茶，就相当合适。两排一溜烟儿的茶铺，有点穿越到江南水乡的感觉，这里也是老年活动中心。

喝完下午茶吃过饭继续喝夜茶冲壳子，成都很难得再找到一处像这样喝茶的地方。

有茶铺，有鬼饮食，有中医一条街，按摩小店也有不少。这些，共同构成了肖家河。▫

● 牛市口路 42 号，
成都盲人按摩的灵魂在此

NIUSHIKOULU 42 HAO,
CHENGDU MANGREN ANMO DE LINGHUN ZAICI

/ 彭何

牛市口路 42 号，李女士那天按摩完一回来就摆开了。

她和朋友紫薇一起去按摩，刚躺下没按两下，师傅"啊"地大叫了一声。紫薇当天穿了件兔毛的衣服，师傅一边按，兔毛一边掉。师傅托人拿了块枕巾大小的布搭在上面，按完结束，帮忙收拾的师傅也"啊"地叫起来，掀开之后，布下面依旧不少脱落的兔毛。

紫薇好久都没有遇到这么劲道十足的按摩师傅了，全身舒畅。

"旧是旧了点，但还挺干净，师傅手艺也好。"这是有洁癖的李女士回来后的评价。

要问成都盲人按摩的灵魂在哪里，大概就是在牛市口路 42 号，想不出哪里更有可能。成都市区，甚至周边，或者外省，很多传统中式按摩店的招牌至今仍爱写上"牛市口"三个字。百思不得其解，追根溯源，奥秘其实也就在牛市口路 42 号。

牛市口路 42 号的招牌是成都市
牛市口盲人按摩（学校）医院。
这儿是教怎么按摩的学校，一直
也对外提供按摩服务。

这是成都第一家盲人按摩医院，成立的那年是 1974 年，改革开放的国策在四年之后才到来。提督街也曾有一家光明按摩学校，现在已经找不到什么踪迹。

牛市口盲人按摩学校，我去的那天，立春已过。梧桐的叶子还是和树干一样枯黄，看不出坠落的意思，发新芽还得再等些时日。路边还有剃头的、奶屋、面条店……中医肖小儿也在那条路上。按摩学校的门楣看着有点陈旧，里面也老派。

门诊入口有通透的玻璃门，弧形的木质收银台，墙上挂几幅书法墨宝，其中一幅是刘德一的"手到病除"。几张连坐的板凳，像县城上的诊所医院。穿过走廊，预约好的按摩师傅把我带了进去。

推开一扇木门，满员；在另一间房间准备就绪。里面绿白格子的按摩床摆了五六张，光线没那么亮堂，局促却显得亲切，像北方的大澡堂子，各自聊着各自的琐事，被人听去也无妨。

有客人被问到"春节又去哪儿耍了"，十有八九是节后旅行疲惫来按摩的。一听去丽江耍了半个月，每天 70 块钱的花费，按摩师傅也应和道"欸，确实还是便宜"。

也有老大爷一来就问："你们大师兄在不在？我在这儿都找过五六个人按摩了。"算是套个近乎。顺着话，另一个正按摩着的顾客也好奇："你们大师兄真的技术好哇？我都听到好几个人点名他了。"

学校里普遍是干了二三十年的老师傅。李女士推荐给我她的按摩师傅之后，特别提醒我，"王师傅染着一头黄发，很好认"。添加了微信好友之后，看到王师傅的网名叫"铂金公子"，朋友圈爱分享自己的唱吧或者快手作品。在发了一首自己唱的《南方姑娘》后，王师傅发誓"改天去录音棚录"。

当天，我见到的王师傅除了那头黄发之外，还穿着一件皮革材质的黑色风衣。看起来比店里的其他师傅都要年轻点，但他坦言自己已经在按摩学校待了六年。

拍背捶打的声音此起彼伏，手指按在巨骨穴上，不一会儿开始发胀发热。肩颈不适，后脑勺的天竺穴也按上一把，效果会传达到重点照顾的部位，都有关联性。每隔一阵，王师傅就问我轻重合适不。

对力量和疼痛的感知，因人而异。按摩学校现在已经不怎么采用脚踩背的按摩方式了，手臂的力量完全足够。要是按摩师拿出毕生内力，还觉得按得不重，那是少数人的感觉。

十多二十个人负责整个按摩院的按摩工作，早上 8 点开门，一直要忙活到晚上 11 点。尽管名声在外，还是老主顾偏多。曾经住在附近的客人好几年前搬家到了温江，也还是常来，因为实在不习惯其他地方的按法。

有学生的时候，除了接顾客的生意，还得排班给学生上课。按摩学校的资质是中等职业教育，按照标准的医学教材在教，先学理论，中医的，经络的，掌握基础知识，然后再上手。

俯卧撑是基本功的一部分。手指撑地，先是五个手指、三个、两个，直至单手。"单手肯定要五个手指一起，或单手拳头，又或每只手一根大拇指儿都可以。"隔壁师傅展露了自己的实力。

当年练基本功的时候，王师傅还曾经靠手握铁弹子练习臂力、手指的力道。也通过在脚上绑上沙袋锻炼自己，下盘要稳也是一个按摩师的基本素质，需要勤学常练。

以前学按摩，读书半年都是短的，现在认识不一样，"花费半年时间学习，分钱不挣还要自己交学费，很多人接受不了，觉得又少挣了半年的钱。"尽管越来越多的人进入这个行业，但很多都是上一个月的培训班，一个礼拜、十五天的学法，老人带学徒，还倒拿工资。

这个时代很急很浮躁，但按摩学校还是按着老规矩来，稳妥。

重点梳理的肩颈已经完成，到了背部。在拨弄了几下后，王师傅提醒我放松，有点僵硬，是劳损的缘故。中医的讲究就是望闻问切，身体的不适多少在体表有些反应。

有经验的按摩师凭借指尖就能感知，头皮紧绷，那近来睡眠状况多少有些问题。在板腰之后，身体发出一阵响声，缘由其实在于韧带变硬。骨骼是由韧带连接，韧带一旦变硬了，对骨头的束缚减弱，活动的时候就会响。

难度较大的颤法按摩，要有点内功才行，背两侧有规律地颤动。"让开点，小心冲击波把你打飞。"王师傅和同事开玩笑，"你怕是要把我的保险柜冲开哦。"

回到最容易让人放松的头部按摩，按摩即将结束。一个小时 50 块钱，招数繁复和动作的力道我各方面都挺满意。把收好的眼镜还给我之后，王师说了句：
"你的眼镜有点厚。"
"是，900 度。"
"你应该配 1.74 的镜片，镜框还要小的那种才显得薄。"
"就是，我是 1.67 的镜片。你多少度？"
"一个眼睛 1500 度，一个 400 度。"

传统媒体还兴盛的时候，时常都有关于牛市口盲人按摩院的新闻。每年一度，盲人按摩院组织一起旅行；1999 年按摩学校就完成了从集体所有制到股份合作制的转变；老院长唐柯帮助解决广大盲人的就业问题获誉无数……

那是一个盲人按摩的名头渐渐立起来的时代。现在这地方看起来确实有点老旧。从诊室旁边的铁门进去，是合围起来的老式小楼，三四层高，楼梯过道上的电灯还是拉线开关，衣服晾晒在绷紧在天井上的钢绳上。

最高的那层上，大叔在白瓷砖砌的水池清洗菜蔬，两位太婆交错着隔空闲谈，"我刚从牛市口买回来的"……小楼有部分被单独隔离成了教学区以及贵宾按摩区域，更多还是属于家属楼。

这些小楼都是按摩学校的资产，"1989 年开工，1990 年家属宿舍建成，全院正式职工均分到宿舍，令其他单位人员羡慕不已。"

从创立之初的几张凳子发展到资产将近千万，按摩学校曾经也阔过。现在，纵使它已经被乐天圣苑这样的新兴楼盘所包裹夹击，好像也没有什么改变，陈旧中透露出的老派依旧让人信服。

尽管这是一个按摩形式各异的时代，牛市口盲人按摩的手艺，吃饭的看家本领，永远都不会过时。

● 太古里以南 500 米，冒菜下鸡尾酒，芋儿鸡佐民谣

/ 蒋佳芯　范珊

清朝同治七年，一邱姓人家四兄弟在成都修建了一座邱家祠堂。祠堂坐北朝南，高敞宽阔，雕花窗棂，乌黑木柱，青砖绿瓦，青石铺路。每年来祠堂参加清明会的族人多达二三百人。祭祀之时，锣鼓喧天，爆竹齐鸣，香烟缭绕，人头攒动。

这是目前成都市中心仅存的、保存基本完整的广东客家移民宗祠，也是四川传统祠堂建筑的代表、样本。

这个祠堂，至今仍在。

从太古里往西南方向走 500 米，穿过三圣街，在耿家巷巷口右转，来到龙王庙正街。邱家祠堂就在这条街上。龙王庙正街呈东西走向，东与耿家巷、下莲池街相交，西接红星路四段。

从三圣街到耿家巷再到下莲池街，长长的大马路两边全是各种食店——冷饮店、烧烤、铁板烧、面馆、火锅、串串、冒菜、江湖菜。右手边突然出现一条安静的岔道，如果不是街口有个路牌，实在不敢相信这个又窄又短，一眼都能看到头的地方就是龙王庙正街。

黑黢黢的老式楼房挂满了摇摇欲坠的挡雨板，低矮的瓦房连成片延伸到小街深处，松松紧紧的电线杂乱地搭在电线杆上。街两边开满了干杂店，卖蔬菜、水果和肉。零星地点缀着几个小馆子，卖冒菜、小炒和铁板烧。

从太古里步行十分钟，画风突然从摩登都市转向市井烟火。

一只猫挡住了我们的去路，它在路边停的一辆摩托车轮子上不停蹭，可能是身上有跳蚤。隔壁的兄弟冒菜店老板说，这只猫守在这条街上十多年了，他们八年前转来这家店的时候它就在了，前主人搬走都没有离开。

兄弟冒菜的老板，并不是两兄弟，而是一对中年夫妇和老板的妈妈。这家店就开在老旧的瓦房里。门口挂着几只烤得油亮的烤鸭，一进店门就有浓郁的火锅汤底味飘来——暗示我们一定有美味的冒烤鸭吃。

我们一坐下，猫咪也懒洋洋地走进来跳到其中一根塑料板凳上趴着，时不时抖动身体，瞥一眼来来往往的人。墙上贴满了大红色的菜价单，仿佛将食客们包裹在熬料的火炉中。

因为来得早，店里只有三两个顾客，但在挑菜的几分钟时间里，客人就把小冒菜店坐满了。老板说，以前生意好的时候，还要排队，每天中午都有 30 桌左右，外面街道上都摆着桌子。为了节约时间，许多上班族还提前预订。现在虽然附近很多公司已经搬了，但还是有老顾客会时不时回来吃。

等冒菜期间，婆婆给我们端来了饭和汽水，然后就坐在旁边靠墙的凳子上看电视。

冒菜上桌，盘子和菜色都不像大馆子里那么精致，却有说不出的亲切。汤汁鲜香不油腻，牛肉被腌得很嫩，蔬菜都很新鲜，搭配白米饭，简直完美。后来我们才知道，兄弟冒菜的旁边就是曾经热闹鼎盛的邱家祠堂，入口已经被肉店干杂店藏起来了，那些雕梁画栋也早就不复存在。祠堂里面，被外来的住客改造成了四合院民居。

邻居们面对面生活着，家当就堆在院子里，孩子们聚在一起玩闹，大人们守着外面的铺子。

祠堂对面有一家生意不错的龙虾馆，店里热情的大姐是三年前来龙虾馆帮忙的，她不知道馆子的对面就是曾经的邱家祠堂，不过这并不妨碍店里的热闹。

对成都人来说，没有小龙虾的夏天是不完整的。燥热的夏天到了傍晚开始凉快起来，这是散步和吃冷啖杯的最好时机。味缘龙虾馆，大概是在龙虾盛行的成都最小的一间店面了吧。比起其他油头粉面、噱头十足的当红龙虾馆，内里虽然简陋得像面馆，但在老旧的街道上显得尤为干净整洁。

小龙虾有四个口味，香辣、蒜蓉、麻辣、酸辣。橘红的虾壳，虾肉鲜嫩，辣味够劲，觉得不够辣还可以跟老板说。除了龙虾，还有凉拌鲫鱼，咸甜口味。在被小龙虾撩得毛焦火辣的时候，吃两口清爽的凉拌鲫鱼，简直是冰火两重天。

走到龙王庙正街中部，一棵茂盛的老梧桐遮天蔽日。树下的巷子里有一家复古又任性的理发店，叫小金美发，只有星期一、三、五、日营业，其余时间都休息。唯一的招牌倒是很有黑白照片中街头巷弄的老理发店的感觉，店里站着个戴起老圆框眼镜的老师傅。

据说梧桐树旁边以前有条河叫金河。金河是成都很多人工河里的一条，自磨底河发端，流过人民公园、西御街、东御街、盐市口，穿过卧龙桥街、青石桥街，经东门，最后流入府河。

1971 年以后，金河不复存在。但成都至今仍有金河路，金河宾馆。

龙王庙正街以前也很长，跟着金河穿过下莲池街一直往前延伸。后来为了修房子就把金河填了，长长的"正街"也缩短到现在走穿不过五分钟的距离。听街上的老人说，一起消失的，还有邱家祠堂里那口古老的水井。

梧桐树下有一家肉店和一家串串，两个老板娘，一个在门口包饺子，一个在门口串串串，每天如此，雷打不动。

老街的历史定格在金河消失的那个施工的夜晚，尽管几次传来搬迁正街和邱家祠的消息，最终它们还是因为各种原因被保留下来。正街上的铺子换了一家又一家，邱家祠也被讨生活的干杂店淹没，唯一不变的只有那棵每年夏天依旧回归繁茂的梧桐树，守望着树下一批又一批人来人往。

附近用作办公的楼多了起来，住客、食客以及门店的老板店员改朝换代，老街逐渐有了年轻的人群。正街西走，尽头连接红星路四段的转角处有家天主堂鸡片，是之前从龙江路迁过来的，已经在龙王庙正街开店八年了，店里的店员就是两个年轻的小伙子。

还在犹豫买什么的时候，其中一个小哥就开始自豪地介绍他们家凉拌菜的红油是特别熬制的，香辣中带有回甘。招牌的红油鸡片53块钱一斤，因为不带骨头，鸡肉分量特别扎实，干吃、拌面、下饭、夹馒头……想咋个吃就咋个吃。吃一口，舌间像是有凉凉麻麻的小人在跳舞，辣椒和芝麻的焦香配合得恰到好处。

如果你去逛老街，买碗鸡片加瓶汽水就可以坐到老梧桐树下跟看摊摊的大爷大妈摆龙门阵。他们最了解这条街的以前和现在，顺便再告诉你隔壁街上有家豆沙包的玫瑰豆沙馅香得不得了。

入夜，你才会发现这条街的神奇之处。老梧桐树把龙王庙正街分成了两个世界：这边餐厅里头抱着吉他在唱歌，另外一边烂铺面老板打起光董董抠脚。灯光亮起来，把破旧的老房子修饰得格外安详。一边是年轻人爱扎堆的夜宵场，一边是正街居民每天的生活补给站。

这一头大家卖完菜差不多该关门睡觉了，那一头夜生活才刚刚开始。烧烤、芋儿鸡、火锅鱼……最特别也是最格格不入的一家民谣酒吧就处在这条夜晚的分界线上。

酒吧像一个巨大的、屋顶盖着瓦片的铁盒子，黑灰色为主的工业风设计，镶了一圈落地窗。屋内摆满木桌椅，挂满干花和盆栽，有一种在旧工厂里开了个花圃的感觉，矛盾又和谐。"纯银净地"，这家老巷子里的民谣酒吧，每天天色刚擦黑就开始有抱着吉他的驻唱歌手在宽大的落地窗后缓缓唱着。

点一杯调酒发呆也是极好的。如果饿了还可以点餐，在这里你可以点到薯条鸡米花，还可以点尖椒牛肉、冷吃兔、小干锅、铁板脑花，以及江浙菜松鼠鱼，甚至泰香鸡、鱼虾、肥牛、鸭掌粉丝煲、烧烤排骨、鳝鱼花甲，反正各种清新重口简单复杂的菜都能在这里找到。

冷吃兔下鸡尾酒这种事，只有成都人才干得出来。

我们走过很多路，吃过很多家绝城芋儿鸡，好像每家都是那么脏兮兮的标准苍蝇馆子配置，有的甚至连招牌都懒得立，随便一条塑料横幅就能解决。

虽然加盟店过多，味道参差不齐，但是龙王庙正街这家总店在换了好多个招牌之后依然屹立不倒，一到下午就开始大排长龙，四季不变。老街配老店，这大概已经成为成都人心目中殿堂级的美食了吧。

镇店之宝芋儿鸡，鸡肉滑嫩有嚼劲，芋儿软糯，入口即化，每一口都非常入味，好像连留在嘴里的辣椒皮都还在继续散发香气……总之就是不吃到扶墙出门都不甘心。

开在不远处的秋金小炒也算是消夜界的扛把子了。这是早年间开在自贡夜市的摊摊，在成都也是几进几出。龙王庙正街这家是个风格跟正街颇不相符的店子，花团锦簇的古镇酒吧风，在这个充满老成都市井味道的街道上格外显眼。

辣得打摆子的自贡菜，火爆黄喉、冷吃牛肉、仔姜美蛙、冷吃兔、鱼蛋、爆炒兔肚、蛋炒饭……样样都好吃，每样都能辣得你跳。

经历过大大小小改造的龙王庙正街，剩下的老房子已不多。人们逐渐开始新的生活，不变的是那份悠然自得。

刚刚入夜，梧桐树下两个老板娘还在包饺子和串串串，干杂店的老板在跟下班买菜的年轻人聊天，烧烤店开始准备肉串和酒水。新的龙王庙正街又开始进入一天中最美妙的时间。至于那只老猫，可能又去什么地方偷肉吃了吧。

喧嚣，生动，有烟火气，可能不够美不够时髦，但扎实，鲜香。这样的街道，是城之瑰宝。只要它还在，生活就会有魅力，人们才会有勇气。π

日本人韩国人，都在这用清酒烤肉下乡愁

RIBENREN HANGUOREN，
DOUZAIZHE YONGQINGJIU KAOROU XIAXIANGCHOU

/ 康筱韵

穿过大世界商业广场油污横流的小巷，裸露在外的厨房排气管突突地朝穿着西装的矢崎及其同事喷着油烟，他们并不介意，驾轻就熟地左拐右拐，拉开了小巷深处一间名叫气乐亭居酒屋的小门，钻了进去。

和往常一样，矢崎坐下后点了沙拉、章鱼小丸子、鸡翅煎饺和一些其他，当然还有啤酒。不过，和他只喝朝日啤酒的同事不一样，他总会先点一杯青岛——这间日本居酒屋的青岛啤酒也只为他一人而存。喝着啤酒，看着直播的日本电视节目，又能度过一个带有些许家乡温度的、在异国的平凡的一天。

对矢崎以及许许多多和他一样在成都工作的日本人而言，大世界商业广场里的一间间日式居酒屋，就是他们在异国角落里互相慰藉的港湾。

桐梓林，一直都是外国人在成都的聚集地。

但家乐福大世界店背后略显破败的商业广场，却尤其像是在蓉日本人和韩国人的小天地，不大的空间里塞了十多间日韩料理店：鸟福、私串、气乐亭居酒屋、樱之都、悠游、味谈、度岛、首尔香……

另有七八间招牌上写着日语"**クラブ**"——针对日本人的日式俱乐部，也就是夜店。

和旁边规整洋气的紫竹北路、紫荆北街相比，这里显得非常萧条：从（算是）正门的地方走进去，依次会经过普通小卖部、破旧的洗衣店、烟雾缭绕的韩国烤肉店、川菜馆、门口有韩国大叔发传单的韩国料理店、写满日语而大门紧闭的神奇俱乐部……

底部突然开朗的圆形广场里，一圈日料店、俱乐部包围着一大堆儿童游乐设施，和二楼的各种中小学辅导班构成了一幅奇怪的画面。

就是在这样一个奇妙又破旧的区域里，每到晚上，总能看到穿西装衬衫、打着领带、提着公文包的男人们三五结伴，说着异国的语言，在不同的店铺间穿梭。和其他区域的成都本地人经营日韩料理店不同，大世界商业广场里的日韩料理店多是由日本、韩国人经营，分散在混乱的巷弄街角，给偶然经过的人以惊喜。

度岛韩国烤肉一到上客高峰期，露天坝子里的就餐区，左右前后咿咿呀呀全说着韩语。对面的嘭嘭韩国超市里，胖胖的老板娘几乎完全不会中文，但似乎并不妨碍她在这自如地做生意、过生活。

正在我和她交谈无果时，她念中学的儿子刚好放学。小朋友和所有成都的普通中学生一样，穿着运动风格校服、骑着电瓶车，一边锁车一边用韩语和他妈妈大声地拌着嘴，但在扭头和我说话的时候，一秒无障碍转换为纯正的"川普"！"在成都的韩国人，70%都住在这附近，所以不奇怪这里为什么总是那么多韩国人。日本人嘛，也差不多，多数都住在周围。"在这里开餐馆的韩国大叔一边用蹩脚的中文给我答疑解惑，一边笑呵呵地大声招呼经过的路人："吃了吗？"

他的味谈韩国料理开了有五年了，嘭嘭超市的韩国小朋友来成都九年了，帅哥老板的度岛烤肉店也开了快三年，到处都写满韩语的首尔香似乎才开不久，躲在不当街的小巷里。

而日式料理店，虽然数量比前两年锐减不少，但好歹剩下了风格迥异的几家，和成都街面上一时间开满全城的社区日料店完全不同。

儿童乐园旁开了四五年的老店鸟福虽小但非常"和风"，有屏风隔开的大厅座位，也有单独隔间的榻榻米，显得十分私密。我去的时候比晚饭时间稍早，五点半，鸟福下午六点才正式营业，却被告知已经预约满了，所以没有办法去试试他们家号称"手艺相当稳定"的串烧，留下了一个念想。

藏在特别特别角落的气乐亭居酒室的小门也是关着的，门上挂着"营业中"，温馨的灯光有着莫名的吸引力。

这是间家庭式日式居酒屋，日文海报、日本杂志和漫画、客人们的照片墙、签名板，紧凑地堆在这个小小的空间里。推门一瞬，店里两个年轻女孩大声喊着"いらっしゃいませ（欢迎光临）！"一位穿着正装、戴着眼镜的日本大叔正一边吃饭一边喝着朝日啤酒，不时瞄两眼头顶的日本电视节目，动作慢慢悠悠，不慌不忙。

这一刻的画面，真的好日剧。

老板虽然是中国人，但一直喜欢日本文化，甚至还和来店里的客人组成了球队。所以店里不光有各个日本公司的球队合照，还有获奖奖牌，他们总是在赛后，成群结队蜂拥进这小小的空间，开心地吵闹到深夜。

气乐亭的菜单很厚，除了常见的寿司刺身之外，还有串烧、猪排饭、日式煎饺、咖喱饭、蛋包饭、清酒等等，各种在日剧和动漫里常见的日本人爱吃的菜。价格嘛，应该是参照了物价高昂的日本标准！

从气乐亭走出来，隔壁的私串还人头攒动，日本老板娘笑呵呵地和每位客人打招呼。除了吃串烧，喝酒才是居酒屋的正经事，私串吧台边密密麻麻的清酒、洋酒、红酒酒瓶，宣告了它的属性，所以不少日本人，饭后也会来这喝一杯。

那晚，我一个人坐在角落喝到深夜。看到了据说从六点就钻进来，一杯接一杯喝着朝日，接近十点才满脸通红走出去的大叔们；看到了一个人坐在吧台旁，喝到倒头大睡再猛然惊醒，踉跄着去结账的孤独中年人；还看到了男人女人分坐两桌的家庭聚会上，激动地问隔壁桌小哥是不是日本人、热切地寻找归属感的日本主妇们……

就和国外的每一条唐人街一样，你总是要穿过一片破败和混乱，才能豁然开朗，看到熟悉的文字，闻到熟悉的气味，在异国中获得些许有故乡味道的慰藉。

也许，大世界商业广场对于这群生活在成都的日本人、韩国人来说，也是同样的存在。没有高级的繁华，但有一种苍凉的温暖。

● 每晚你从立交桥上呼啸而过，却不知桥下是爸妈的秘密基地

MEIWAN NICONG LIJIAOQIAOSHANG HUXIAOERGUO,
QUEBUZHI QIAOXIA SHI BAMADE MIMI JIDI

/ 康筱韵　彭何

在阳光照耀不到的地方，一个个秘密的世界在等待我们的光临，比如成都夜幕中的立交桥。每天你从桥上呼啸而过，却从没见过桥下的鲜活人生。

刃具立交、人南立交、双桥子立交和营门口立交，从来都不是没有故事的立交桥。

流浪汉的家园——刃具立交

刃具立交在北二环，复杂的跨线立交 + 二环高架，各种乱七八糟的桥墩，让桥下的结构混乱而诡异。正是因为这密密麻麻的桥墩，正好在一条车道的两边隔出了两块方方正正的地盘作为人行通道，遮风又避雨。顺理成章地，两个"抢占了先机"的流浪汉各自霸占一方，在这"安家"。

搬到这附近后，我经常会穿过天桥下的这个通道到对面去买菜。一开始会因为流浪汉们呓语般的咿咿呀呀而感到害怕，总是埋着头目不斜视地快速通过。日子久了，胆子也大了，才发现，这两个虽然看似头脑不太清楚的流浪汉的"家"，其实布置得还挺像模像样的：

从通道走过，会依次路过他们摞得高高的箱子，总会想象这大概是他们的衣柜；然后是床，不知道是纸板还是木板铺的，刚刚一人长短，床上有被褥，"家"里没人时还总是铺得整整齐齐；最后是一些杂物、口袋，紧紧地靠在床边，杂乱但有序，绝不会占了行人通过的空间。再加上背后桥下废弃小屋的两扇窗户，每次经过，就好像是经过了别人家的卧室。

经过时，我还总忍不住在心里默默评价，这个流浪汉家又多了哪几个菜油桶，那个流浪汉的军大衣捡得还可以嘛。

有一天正准备去偷偷拍两张照片留作纪念，突然发现桥下空空荡荡，没有床、没有纸箱、没有油桶，也没有流浪汉，甚至连桥下废弃小屋的门牌都不见了。可能是城管什么的突发奇想终于要来清理清理这早就没什么人管的地方了。那一刻，竟然觉得有点沮丧。

再见到其中一个流浪汉，大概是一周后的事情，他裹着不知又从哪捡来的被子坐在桥下，没有咿咿呀呀，只是呆呆地看着地面出神，大概，是在思索，要怎么重建家园吧。

老年乐队的舞台——人南立交

位于人民南路和二环路的十字路口，同时也在地铁一号线桐梓林和倪家桥之间，人南立交绝对算得上成都立交桥中的一股清流。每到周五晚上七点半，这里就成了第二个"人民公园"，因为有个中老年乐队要在这里进行演出。

乐队名字很牛，叫老成都神仙乐队，在人南立交桥下一唱就是十五年。二十多个人的乐队，有工程师，也有公交车司机，从晚上七点半唱到接近十点钟。

后面靠着石刻壁画的人在吹拉弹唱，音响放起，舞台正中间在报幕员的指挥下，坐在一边的表演者便一个接一个地唱，精心打扮过再走上舞台，唱得很陶醉。男女声独唱、男女对唱都有，伴舞的爷爷婆婆也有，有个白衣服大爷，一晚上起码要跳七八支舞，精神抖擞。每个表演间隙还要换衣服，因场地狭小，每次都是神不知鬼不觉地就在一边换好了。

演唱的曲目都是 20 世纪的老歌，摸索着久远的记忆，只听懂了一首《绒花》，还有一首《纤夫的爱》。其中有一位大叔像极了潘长江老师，每当他表演完一首，下面就是热烈的巴掌声。看的人也很积极，据说很多都是提前一个小时带着小板凳去占前排的位置。演出正式开始，舞台周围是里三层外三层的人。中老年听众为主，大多都是附近的农民工朋友。偶尔也有像我这种路过的年轻人看稀奇。

负责人何大姐，每次来演出都是穿带毛领子的皮衣，还有皮裤，看得出来妆容也是精心化过的，她非常享受整个舞台上的表演。就是这么个表演的乐队，何大姐讲，前后的投入可能有二十多万，买鼓买话筒，基本都是她出，幸好丈夫支持她的爱好。

乐队最初只有几个人，拉拉二胡演演民乐，后来何大姐才力排众议引入军乐的表演形式，鼓呀，电子琴呀，小号呀这些齐活了，表演的气势也就上来了，能更好地把节目呈献给观众。

人南立交在 20 世纪 90 年代初修建而成，起先下面是密密麻麻的商铺，成了城市中的"牛皮癣"，后来在 20 世纪 90 年代末又被拆除换成了大片草坪。

现在你在人南立交所看到的景象来源于 2001 年底进行的第三次改造。改造方案来自著名本土设计师曾大毛，立交桥下的空间被改造成开放式的老成都民俗公园，浓缩的成都文化景观，整个一老成都沙盘的感觉。

除了周五的老神仙乐队演唱，晚上暗淡灯光下还有这些景象：借光阅读的环卫工人，通常得工作到深夜十点才结束一天的工作；卖水果的大哥偶尔招揽一下路过的行人；当然也有遛狗的，还有在健身器材处锻炼的。茶铺的生意在晚上暗淡了许多。

桥下仍然保留着一些铺面，通道两侧是隔开的艺术品市场，开了十多年，很冷清，东西类型也很单调，有个外国朋友在这里学蜀绣，学了差不多一个月，每晚都来。她会讲八国语言，唯独讲不了中文。

从桥下一扇破窗悄悄往里面望，谁知道还藏着一个小馆子！头顶上川流不息的车辆轰鸣而过，让立交桥下像是隔绝的孤岛。

往体育馆方向的桥墩下，在漆黑中听到有诡异的摩擦声，走近看我才发现是一个男子在用水沟里的水洗衣服，一问才知道是个无家可归之人。他住在桥底下已经有两三年，搭了个窝棚，高度和绿化植物差不多，走在外边的人是无法发现的。漫漫冬夜，他讲有好心人给他送了鸭绒的被子、气垫之类的野外用品，只是吃东西，依旧是有一顿没一顿。

热闹与冷清，这就是人南立交的两面。

像极了线下网络直播间——双桥子立交

双桥子上二环的路口有一个百转千回的立交桥，是走东边进出城和上下二环高架的必经之路，环环有点复杂，我直到现在都没有摸清楚所有出口方向。要是你觉得双桥子立交下还是些等客的女人，那就错了。现在的立交桥下，有一个公开的秘密基地，每天下午和晚上就会开启演唱会模式。

傍晚，从歌声传来的方向晃动着霓虹灯般的妖艳灯光，可是这灯光并没有和着音乐的节奏，只是各玩各的。所以基本上一走入双桥子立交桥下，就知道自己该往什么方向去了。

绕过几个桥墩，豁然出现一坝坝人，电瓶车堆围着人堆，人堆里围着的就是这群开演唱会的叔叔孃孃。虽然只是一个露天坝坝，演唱会装备齐全得很。音响、灯光、伴奏、背景幕布一个不少，乐器品种中西结合，键盘、架子鼓、笛子、萨克斯完备，还有专门的摄像师。俨然一支专业乐队，才不是那种桥墩下的夕阳红合唱团。

主持人一个个报幕，孃孃叔叔些就盛装上台了，丁字步、仰头回首，时不时跟观众互动，台风满分！节目花样也多，大部分是唱歌，独唱、合唱，偶尔穿插些二胡、口琴演奏。

有乐团的人带头献塑料花，有观众也会来献，但是要给点钱买花。像极了网络直播中的送房、送车、送钻石。其实花都是循环利用的，观众献上去的花最后又会返还到卖花的地方，然后下一个人开唱的时候还是有人来这里拿花献上。

我隔壁坐着一个爷爷，应该是个老观众了。一位红衣大姐唱歌时，爷爷上去献了一次花，又买了杯茶水继续坐在旁边看，非常投入，不停鼓掌。爷爷说他在这里听歌很久了，每天有两场，下午两点半一场，晚上七点半一场，每场要吼三个多小时。

乐团的成员都是些退休职工，喜欢音乐，平时闲着也是闲着，大家就自发组队。再加上些文工团的老战友，专业的带着业余的，乐团越搞越壮大。

双桥子立交比较远离居民区，桥下一半的空地，也不会有车流经过，简直就是天然的娱乐休闲场所。夏天太阳大，就去桥下阴凉处。秋冬不热了，就在露天坝坝头嗨。唱歌的人越来越多，音响声音也越来越大。听歌的人自然就围拢来了。周围一半都是骑电瓶车的观众，男性居多，老年人居多。看他们投入的样子，可能不等乐团散场，大家都不会走。

爱听的人天天都来，不爱听的觉得这是噪音，投诉不少，但是乐团也还是没走。可能未来有一天，乐团会被取缔。但至少现在，这些寂寞的没人陪伴的退休老人，还能以这样的方式凑在一起，互相取暖。

两队交谊舞的争霸——营门口立交桥

长期以来，营门口立交桥就是成都西边要口。要口，人流量巨大，自然也是人口嘈杂。

竣工于 1994 年的营门口立交桥，自行车、电瓶车、小汽车在显得阴暗的桥下面一拨一拨交互着穿过，更加显得混乱。大批大批的民工将电瓶车停在一边，他们背着背篓、带着工具，挂着打洞、装修的牌子，东张西望等待着生意，实在闲得慌一群人就扎堆在花台上打着扑克。

到了晚上，营门口立交桥则显得安静许多。一个治安巡逻的车子停在下面，偶尔几个人在小路上跑步，公厕的叔叔阿姨还在打扫卫生，四医院的牌子在闪着光，老远就看得见，是害怕有人找不到方向吧。

营门口立交桥晚上的热闹只属于往蜀汉路方向的右侧。晚上八点，桥边菜市场早已关门，附近小区的一群中老年人在老歌、口水歌中缓慢又激情地跳舞。不是跳有人领头并且动作统一的广场舞，他们是在跳交谊舞。两人一组，一个女的一个男的，或者两个女的。

一个人也并不止一个舞伴，想邀请谁就邀请谁，手牵手，相互搂着腰，身体贴合在一起是如此随意自然。把牵出来遛的狗拴在一边，一个人也可以在节奏中欢快地扭动起来，动作幅度越大，越看得出自信。

说是一群人，其实是两个队伍。每个队占一块地方，分别带一个音响，各放各的，各跳各的，虽然都是跳交谊舞。很明显能看出一队人更加正规，也稍显年轻一些些。街边一排塑料小板凳，凳子前面堆衣服，跳累了就坐下来，而另一队人只能坐在冰冷花台上。

跳到晚上十点，路口上的风更大，气温更低了，他们就撤退了。送走这群人，营门口立交桥也在安静中等来第二天的川流不息。

我还曾听过这样的桥下故事：20 世纪，有个穷困的人在春熙路写书法谋生。他没有什么要求，路人随便给点钱就可让他写一个自己想要的东西。摆完摊儿，晚上他就在桥下露宿，用简易的锅碗烹煮食物。有对情侣图新鲜，请他写句话，结果过一会儿嫌拿手上麻烦就扔进了垃圾桶。没人看得上他的字，其实是不懂。后来此人成为沿海某省书法家协会的知名书法家，一幅字老贵，求着要也不一定有。

黑暗中，桥底下的人亮起暗淡灯光，肆意地扭动身躯展露歌喉，或者搭起简陋帐篷，运来新鲜水果，或者只摆一张小桌开始织绣……他们，活成了桥下的太阳。

● 人民公园属于人民
RENMIN GONGYUAN SHUYU RENMIN

/ 蒋佳芯

在中国，几乎每一个城市都有一个人民公园。成都也如此。这里几十年不变，逛公园的人从小长到大，但是总也不会腻。晒太阳、喝茶、跳坝坝舞、相亲、划船、看菊展……

说到人民公园，你会首先想到什么呢？

我有一个朋友以前在四中读书，中午放学去公园门口吃碗老妈蹄花，趁午休时间还要去人民公园划个船。结果再后来，就变成了她妈天天跑去人民公园相亲角帮她物色对象。

有人说人民公园就是高搭的凉棚下挂几方鸟笼，根雕的茶台四方配以竹木椅子，茶客落座后，长嘴儿青铜茶壶点上三点儿，堂倌儿吆喝上几句爽心话儿，喝茶的人一吹一闻、一拨一抿，嗫一小口儿沉入茶香……

也有人说这里有小孩子三五成群地嬉戏打闹，大人们笑嘻嘻地看着自己的孩子，边喝茶边打牌。这里比不上曲院风荷的秀美，但就是让人觉得放松、安逸。

在两个美国人眼里,人民公园会是什么模样?

一个耶鲁学建筑的媒体人,和一个在哈佛修人类学的纪录片导演,几年前来成都待了三个星期,花五十美元拍了部七十八分钟的纪录片,叫作《人民公园》。

取景地就在成都的人民公园。没有彩排,情节不可预期。没有男女主配1234,公园里只有唱歌、跳舞、下棋、喝茶、遛弯……大家都是电影主角。也没有暂停,没有重来,一镜到底。

看了这部纪录片之后,忍不住回忆下2011年的成都一隅,说不定那年夏天,你也在那里。

坝坝舞

"××交谊舞队人民公园活动点",会场就设在人民公园假山水池旁,绿树环绕,投下一片阴凉。大红横幅挂在旁边的竹林,横幅下的竹栅栏上挂着各种包包、塑料袋。《人民公园》一开头就是坝坝舞。

大爷们把T恤衬衫规矩地扎进裤子里,腰间系着粗皮带,皮带上别着手机、钥匙,头发溜光地偏分在一边。嬢嬢们穿着雪纺的暗纹小碎花裙,旋转起来的时候,裙摆也跟着摇啊摇。

伴着稍显急促的音乐,男和女就这样在树荫下整齐划一地,分开,靠拢,剪刀步,踮脚,伸腿,旋转,绕圈……手臂搭肩,又松开,举起,放下……音乐暂停,大家瞬间分开,站在原地聊天。歌声再次响起时,又自然随意地挽起自己的舞伴。

在人民公园，坝坝舞影响不了任何人。竹林边有一排凳子，有奶奶一边抱着小孙子睡觉，一边扇着蒲扇；也有路人坐着纳凉；跳舞跳累了，也有队员坐下休息；还有老姐妹十指相扣坐在一起聊天。

文明劝导员的绿色制服，和种满了绿树的公园很搭。可爱的小女娃拉着爸爸在一边转圈圈，小脸蛋粉嘟嘟的，印着樱桃图案的小T恤也粉嘟嘟。一家三口慢悠悠地往前走，经过了摇着折扇的老夫妻，经过了跷二郎腿打电话的绿衣小哥。分叉路口来了一个戴着花环的小姑娘，盘一只腿坐在轮椅上，好奇地打量着周围。

戴着银镯子的阿姨，穿着豹纹的荷叶袖针织衫和黑色阔腿裤，长长的头发编了辫子，也依然长及屁股。发尾在身后随着走路的摆动晃啊晃，阔腿裤也跟着晃啊晃。

两位灰头发的太婆在这里交会，又分开。一位大步流星阔步向前；一位垂头坐在路边板凳上，不知在等什么人。

下　棋

那些穿着大领口衬衫的大爷些，一定会转到公园的一个角落——下象棋的长凳子。

棋盘就摆在石凳上，下象棋的人也
坐在石凳上，猫着腰研究棋局，只
有激动的时候蹿起来笑两声。一条
石凳摆了三桌棋，看棋的人能把石
凳围得一寸青都看不到。还有两位
看不过瘾，在不远处的木凳子上另
开一局，一个跷着二郎腿抠脑壳，
一个叉着腿正坐，T恤上堆起一圈
匀称的肚腩肉。

这里垂暮的男人，有智慧，有角
力，却一派祥和。

喝 茶

公园深处，临河就是茶馆，河里的
水看起来并不干净，但永远有划船
的人。

茶坝坝就是竹林里搭上木桌木椅，
喝茶的人随意坐，一桌一壶花绿的
开水瓶，一人一盏盖碗。

一对老夫妻愁眉苦脸地对坐着，也不说话，抬头喝茶
也蹙着眉。背后的一对穿蓝色情侣装的小年轻也不说
话。一个放松瘫着，一个跷着二郎腿，各玩各的手
机。喝茶这件事，大概只有在成都，才能做到老少
皆宜。

笑得很温柔的大姐把墨镜撸到头顶，眼睛弯弯的，特
别好看。一家人围坐在一起，婆婆非常放松地把一条
腿跷到了桌子下的横梁上，黑色的雪纺裤顺势滑到膝
盖以上。

穿格子衬衫的眼镜叔一副老干部坐姿。眼镜耷拉着，抬头看人的时候，从镜片上方直视。每一桌都放了不少零食，只有他桌子上最空。喝茶动作非常之娴熟，碗里放好茶叶，掺完水，伸一只手盖上盖，闷不到三秒，拈起盖子刮一刮漂浮的茶叶，斜放在碗口处，手臂跟着手腕同时向上，端起茶托，将茶碗靠着嘴唇，啜一小口，似有若无的一个舒坦。一气呵成，一看就是老茶客。

茶桌不止在河边，围廊里外，竹林深处都被占满了。

行人就从茶桌堆里过。经过瘫在椅子上掏耳朵的紫色T恤大哥，上半身看起来好像很享受，脚趾头明明都紧张得抠在一起。经过些卖凉拌菜和啤酒的小摊贩，两个排队买零食的叔叔前后站着，不约而同地右手握拳。

围廊最里面，有两个少年在练习用长嘴壶倒茶。穿亮金色盘扣衫的小伙子，不停地下腰，双手托着茶壶举过头，小心控制壶嘴和茶杯的距离。倒完一壶，他又认真把茶杯里的水倒回进茶壶，准备下一轮下腰，反反复复。

人民公园里的老年人，一个比一个潮。这个深灰渐变色头发的老婆婆，紫红色的花裙子外，披一件绿色的长马甲，不比石原里美的撞色差多少。手拿蒲扇的爷爷，穿着草帽背心儿大裤衩，这不就是祠堂街海贼王！傲娇地跷着二郎腿的婆婆们，都穿连衣裙，居然也能做到花色款式各不相同，颇有几分"蓉城十三钗"的感觉。

唱　歌

树林深处还有一景。观众们里里外外围了不少，主持人站在圈圈中心，宣布下一位唱歌的嘉宾。原来是一个老年退休乐团，唱歌会友。他们都穿着统一的红色T恤，音乐激昂的时候，就带着观众鼓掌。

这个团规模比较大，隔壁围廊里还有一个小型的，有模有样地放着电脑和音响。几个人忙着研究乐谱，一个穿波点裙的嬢嬢就站起来开唱了。仰头的时候，感觉中气特别足。

霹雳舞

除了坝坝舞，人民公园还特产一种霹雳舞，也被电影《人民公园》记录下来了。这种舞跳起来很有力量，可以说，昂扬。有的两两一对，也有的一个人单跳，还有一个在模仿杰克逊的太空步。

一个阿姨一个婆婆，扭着肩膀来回对峙，时而严肃时而微笑，整个脸部都因为运动而发红。跳得最火热的当数一个眼镜大爷，大爷穿着灰背心，却把背心卷到胸上，露出裤子上巨大的黑皮带扣。大爷先是一个人跳，抬起手，把身体扭得像波浪一样，手也随之挥舞。后面来了个戴墨镜的阿姨，步步逼近，看样子是想跟大爷斗舞。

大爷也不怕，一边继续不疾不徐地和着音乐扭动，一边反身下腰，直到后背与地面平行，也不往下，却也不起，保持这个姿势继续扭，还能一脸轻松。令人叹为观止！

其实，这些画面你每天都能在人民公园里看到。

但是当把这所有的画面集合在一起，不得不惊叹，一个公园对成都人民来说是多么不可或缺的存在。你可能觉得有的画面拍得不美，不如浣花溪文艺，也不如望江公园优美，但这就是人民公园的日常，也是最真实的成千上万个成都人的日常。

每一个身处公园里的人，都是一副见惯了大风大雨的淡定神情。不知道是人民公园赋予他们的自信和淡定，还是成都人天生的不以物喜不以己悲。

好多事情开始不受控制，好在人民公园还属于人民…… 𝛑

● 当你觉得活不下去的时候，
就去菜市场吧

DANGNI JUEDE HUOBUXIAQU DE SHIHOU,
JIUQU CAISHICHANG BA

/ 李佳蓓

有段鸡精味儿很重的鸡汤文说："当你压力重重觉得快要活不下去的时候，请去菜市场感受扑面而来的生活气息。"

同理可证，如果你生活在成都的城南，当你感觉压力重重活不下去时，请去趟华阳长江东二街，感受扑面而来的大饼味儿。

你会很兴奋，我保证！

成都马拉松有一年的路线是跑天府大道，选手们首先跑过房价 1.2 万区域，然后依次经过 1.5 万、2 万、3 万的区域。跑程过半之后，选手在折返途中经过王者荣耀诞生地和拉高平均工资的软件园。

而你进入长江东二街，首先看到的是赤脚的大婶在旧油漆桶里翻角票；紧接着是抱个娃娃在卡车上喊"10 元 4 斤"的卖梨大姐；走过半条街，经过卖杂货的大爷；然后是拉低整个菜市场物价的 5 毛钱锅盔摊儿……

长江东二街能让你活过来，是因为它有味儿，我说的不是鱼腥味儿、鸡屎味儿这些菜市场常规的味儿，而是一些最朴素却最诱人的饼、油条、炸小鱼味儿……

每个菜市场都有卤菜、拌菜、榨菜，所以这些就暂不提。

长江东二街是条极长的直路，路的左右两边各有六条巷子，加起来一共十二条巷子还有一条主路，自然就形成了一个天然菜市场，每天早上这里的人流量旺过软件园。

到了这儿，每次最先冲去买的一定是炸小鱼。小时候老家在岷江边，经常有推车炸小鱼的人，三轮车上的蜂窝煤上面一口黑铁锅，嗞嗞的油声一出来，就知道鱼下锅了，满街飘香，现在这样的炸小鱼很少有人卖了。

这家卖炸小鱼的摊用的是白条子，据说是一种出水面就会死的小鱼，而且只有大江大河里才有，一般的池塘小河边是没有的。

老板把鱼内脏都刮了，用豆粉和香料裹了之后炸好，25 元一斤，我的习惯一般是称 10 块钱的。称好之后老板会把鱼再开小火炸一遍，冷了之后就会非常酥脆。由于炸过的鱼实在太香了，每次一拿到手就忍不住伸到塑料袋里捏一根，边走边吃。炸小鱼的常规吃法是蘸辣椒面，但老板说，回去倒点醋放点葱和蒜泥来蘸比蘸辣椒面好吃。果不其然，醋解了油的腻，更是香。

菜市里但凡是好吃的东西都只能赶早吃，晚了就收摊儿了。有家油条成为我周末可以早起的唯一动力。

刚发现这家油条摊儿时，是被这油条的大给震住的，一根油条就可以占满整个炸锅，而且颜色极其诱人。在等油条的时候，旁边一位大姐啧啧感叹："这个油条的颜色太舒服了，太巴适了。"

而且这油条还不按根卖，要按斤称，四元一斤，一根就差不多一斤的样子。买半根大概两块。老板一家三口都是河南腔，三个人分工明确：老妈和面切面，老爸炸油条，儿子打豆浆收钱。这家横幅打的是"无碱无矾，脆皮杂粮大油条"，虽然没有吃出杂粮口感，但是确实实在。

油条外皮在刚炸出来的三分钟内是酥脆的，三分钟之后温了就不行了，必须守着锅，趁热吃。

作为一个摊儿，并没有可以让你坐的地方，只能边走边吃。建议一个人买半根就差不多了，因为实在太大。一定要配上现磨的豆浆，先咬口油条，再吸口豆浆，让两者在口腔中随着咀嚼慢慢融合，方圆五米之内的人，都是这种吃法。

有时候逛着逛着，你就会忘记你要买什么菜，忘记你要做什么午饭……因为常常买菜过程中就会把自己吃撑。

有家专心做饼的店，饼类之多，玉米饼、南瓜饼、葱油饼、韭菜鸡蛋饼、白面锅盔，还有极其好吃的土豆丝儿炸春卷！

一块钱一个的土豆丝儿春卷，里面裹了炒过的土豆丝儿，土豆丝儿加了孜然。皮面酥脆，刚出锅趁热吃，不拦着我的话，能吃两个。

还有五毛钱一个的白面锅盔，面非常的软，但又带点馒头的嚼劲，单口吃能嚼出面香来，买回去夹三丝和卤肉也是绝配。爱吃面食的人都是十个二十个的买回去吃一周。

另一个"游动"的美食就是发糕，米发糕哪儿都有，但是荞面发糕并不常见。蒸好的荞面发糕很有黏劲儿，又糯还带点韧劲，甜度刚刚好，让老板切巴掌大的两块儿，常常会走到半路就吃完一块。每次去菜市场最期待的事情就是遇到它。

除了以上正常的食物外，还有一种"十八种中药材秘制而成的"当归中药泡椒凤爪，虽然从它旁边路过很多次，但一直没有勇气去尝试。

在早市上，摊贩的菜都卖不动，因为太多华阳周边的农户赶来，他们大多都是些老爷爷老婆婆，早上摘了菜就马上背到菜市来卖。菜都是下锅就吧，而且带着真真的菜味儿。能买到够沙的番茄、水灵灵的红苕尖儿，农户自种的花生、红豆、丑而甜的葡萄、橘子……

长江东二街我常去的老摊子有好几个，一次，去番茄摊买番茄，称完七块，只有五块的零钱，我问老板能微信支付吗？老板说算了，你下次来给我补两块就行。

有家买黄牛肉的店我也常去，十一点前肉就卖完，那次去得晚只剩一小块儿带筋的了。老板说我认识你，你下次给我打电话我给你留好。

还有一次炸鱼摊儿快收了，我按习惯只称十块的。老板一下子把剩下的都称给我，说只收十块，他要赶着回家吃九斗碗。

一次一次的谦让、留心，俗气点的说是会来事儿、会做生意，但这些一块、两块里就是菜市场的人情味儿。天府新区的房价让人觉得飘在空中，但长江东二街让人踏踏实实落在人间。■

● 再也不会有像抚琴门卫那样的人提醒我，
女孩别晚归

ZAIYE BUHUI YOUXIANG FUQIN MENWEI NAYANGDE REN
TIXINGWO，NÜHAI BIE WANGUI

/ 彭何

看到街道那片枝丫交错串联成绿色大棚的树，墙上还保留着"计划生
育"的宣传语，就进入了西门抚琴的地界之中。谁也不曾想到，20 世纪
末种下的小叶榕树，在今天长得遮天蔽日。

倒回很多很多年前，抚琴小区还是抚琴村，抚琴菜市的位置还是田地，有人在上面放着风筝。抚琴得名于司马相如的抚琴台，据说司马相如曾生活在这附近。

都是老小区，和玉林现在偏文艺偏小资不同的是，抚琴这么些年都很少再有新形式的东西出现，但那些开了十多二十年的串串火锅，依旧鲜活，丝毫看不出半点迟暮。

不仅仅是西门土著，也有青年人进来了，住下了，又离开了，一批接着一批。抚琴小区就像是无数"新成都人"来成都的第一个落脚点，然后由此播撒到这座城市的二环三环外。形形色色的人杂居于此，这样的生态至今仍在抚琴延续，有青春的自由放肆，也有生活的甜苦折腾。

去年再回到抚琴，白菜请人吃了一次"脏串串"，事后才觉这可能是一个失误的安排。"朋友肯定觉得我是疯了。"白菜口中的"脏串串"特指那种推车售卖的串串。移动的车，中间烧一口锅，"脏串串"曾经大量出没在抚琴小区门口。

所有的串串都在锅里面，要吃自己拿；所有人公用一个盘子，里面放着干海椒面、蒜泥，也有香油。"每次去吃都要鼓起很大的勇气，一方面很嫌弃，另一方面等真的开始吃的时候，又觉得很爽，好像突破了某种禁忌。"

白菜在 2005 年前后从重庆来到成都，某单位 700 元一个月的房子是同在抚琴落脚的初中同学帮着租来的。那是一个在七楼的套二，"安静，有浴缸，但是太难爬了。"

抚琴小区大规模的建设在 20 世纪 70 年代开始，几乎和成都一环路的建设同步。因与市区距离适宜，这里很快就成为当时成都炙手可热的一块示范地。每层楼只有两户，木质的楼梯扶手，电灯是橘红的白炽灯。

像滚雪球一样，白菜的大学同学来成都，她又帮同学在抚琴小区附近找了住宿。又一个女同学到成都，在白菜的家里住了一段时日。一到晚上，两人就从小区门口买一堆烧烤或"脏串串"，边喝酒边打游戏，"那个时候喜欢打的游戏就是泡泡堂、连连看这些"。我那天随便进了其中一栋，有语音聊天的声音，不知是不是年轻人在直播。

吃饭喝酒，喝酒吃饭，空了就约。那成了白菜喝酒最多的时光，"家里都是一箱箱的芝华士，也不知道是真的还是假的"。

那些抚琴年轻人的状态，就像树的生长一样，近乎疯狂，没有限制。刚刚毕业参加工作，"试着独立，脱离父母的掌控，很想做一些在读书的时候没做过的事情。抽烟，喝酒，谈恋爱。"

当时抚琴小区还有很大的夜啤酒广场，某年的世界杯，朋友整夜扎堆于此，喝着酒吹着牛，突然一个学舞蹈的女生开始劈叉。那是白菜玩音乐的朋友的女朋友。

在和初恋男友分手后，白菜搬到了真正意义上的抚琴小区。失恋，那是白菜在抚琴经历的最轰轰烈烈的一件事情。

痛的，甜的，另一个租客手手每年寒暑假会住在抚琴，她曾在这里怦然心动，"出去玩遇到了个还不错的男生，人家送我回家，我又不想马上回家，就在周围神逛"。

夏日晚上的本地土著，最爱的便是在门卫室附近坐起乘凉，冲壳子。白菜很晚回去的那段时间，每次还要给一块钱的开门费。一边交钱，一边看门大爷还不忘唠叨两句："女娃娃，这么晚回来不安全。"要是带了陌生人进来，继续接受盘问是每个租住在抚琴的年轻人必经的过程，"一定要把你问清楚了"。

手手也曾在深夜晚归时被门卫大爷提醒过多次。"喊他给我开门就要骂我，说我一个女娃娃怎么可以这么晚回来，刚刚外面还有抢包包的。"某次在抚琴的一家达芙妮试鞋子的时候，手手旁边一个男人的确把手摸到她包包里面去了。

抚琴有土著，不过年龄普遍偏大，或者是没有能力搬走的下岗家庭。租客中有年轻人，也有就在抚琴的沿街铺面做着小买卖的中年务工者，校门口等待小孩放学的时候，你总能听见他们各自的乡音……

那时候的手手也喜欢约夜跑，在抚琴周围夜跑是一件很可怕的事情，"基本上就是出去吃一路。每次出去夜跑至少要吃两家店"。三步一家小面摊，五步一家串串火锅。这个季节抚琴的小巷子和餐饮店门口还有流动的冰粉和兜售煮花生、煮毛豆的摊贩，像是一种寄生关系，也因此使得抚琴的夜色更加活色生香。

木子说："吃不穷，穿不穷，人间烟火在抚琴。"她住在抚琴的年月里，脂肪像小榕树的年轮一样堆积，里三层外三层的，活脱脱把自己整成一把把碳烤的五花肉。为了吃遍周围美食，木子总有无穷借口，今天过生日、明天发奖金、后天朋友小聚、外天亲戚接风、外外天……理由多得用不完。连着一周不去抚琴菜市吃盘肥肠粉，都不好意思和老板打招呼。

即便是在十五年前，抚琴的地道成都生活气也让人着迷。吹着风，蜷缩在矮凳子小桌子上尽享肉的肥美和酒精的麻痹。

抚琴第一烤所在的那条巷子的边边角角里，尤其集中了抚琴久负盛名的鬼饮食。下午四五点便开始陆续有人落座，晚上八点再去点菜，得排队超过一小时。

开了十多二十年的李老大牛杂和袁老四牛杂，相隔没有多少步路。尤其袁老四，沿街设桌，没人能够抵御那种老式路灯昏暗的氛围。

不仅仅是十年前，成都第一家资格的烤羊肉腰子至今仍然是成都男人午夜的一剂猛药。男人争先恐后加单，相互暗示，仿佛扯起嗓子吼一声"再加五个"，就真的有了底气。手手还记得，"每次烤出来几十串各个桌子的人都要抢"，不知谁喊了一声"哎呀妹儿，行嘛，我先让你们十串"，这时候桌子之间就算搭上话了。

没人知道这些中年男人有没有去过抚琴的发廊，每到下午三点，路过的手手总是偷偷摸摸想要窥探两眼。抚琴往一环方向曾有家西郊舞厅，手手一直好奇想进去看看，但直到歇业也没进去过。常去的抚琴西路，那时候街边铺子最多的还是衣服店，"只看得起买不起，小白领消费最多的是三友百货"。

手手上中学的时候，那会三友最显眼的位置是美特斯邦威，挂着巨大的代言人郭富城的海报。那应该也是2003年左右的事情，现在大楼还在，只是二层以上看起来空空荡荡。

也曾有一段时间，抚琴西路的服装店都改成了外贸店。"有一家专门卖 Teenie Weenie A 货的，卫衣就 180 块钱。"

铁打的餐饮店，流水的服装店。十多二十年间，无论服装店的招牌换过多少轮，一家叫绿屏源的火锅店始终屹立不倒。

而在抚琴，更加厉害的似乎还是黑竹香鸡，历经好几个禽流感恐惧期，以前只有一边门面，据说现在早就把对面的铺子也租下了。

怪老头甜不辣生意也不赖，从一个小摊位到拥有自己的门面。现在遍布全成都的何师烧烤似乎最早也是从抚琴大庆路发家。白菜为了忽悠朋友黄大毛陪自己回家，"专门带她去吃何师，那个五花肉好好吃呀"。

豪虾传确定无疑是在抚琴小区慢慢发家的。抚琴西南路 4 号附 1 号，那起初只是一家叫适居园的茶铺。十年前，戴个黑框眼镜的蒋毅骑个电瓶车，在附近溜达了一圈，终于决定和老板娘谈谈合作事宜。白天你卖茶，晚上我把场子租来卖龙虾。

有人说抚琴那家很有名的蛋烘糕现在出没在三友附近的地方，那天前去，无缘，我并没有找到。听人说，那个卖蛋烘糕的大叔赚翻了，已经收工养老。再跟住在抚琴的土著打听，说是蛋烘糕如今在 48 路公交车下车 10 米远的地方，开了一个小铺子，有些时候在花园和烤羊肉串对面轮流摆摊摊。

"和他一起摆摊卖了十八年冷串串的阿姨还在坚持，钱应该是挣够了的，大概是因为内心的热爱和执着吧。"记不得名字的串串，但要是再看到，每个吃过的人都会立刻认出来。

和白菜住在一起的朋友后来去了美国，前些时日想起当年在抚琴吃过的"脏串串"还很感慨，再也不会有那种味道和感觉了，现在吃起来也只有"土豆片很脆"这种单薄的评价。

多年后再去抚琴吃的时候，手手很不爽，"那会儿住那边，虽然穷，但是很开心。以前吃啥子都是，好吃，现在吃啥子都是，就那个样子。"

白菜自己也坦言，都没有记忆中那么好吃。人已经不是当年的那个人，只是在延续年轻时候的形式。不管是路边摊还是牛杂火锅，他们的味道都饱含了很私人的情怀。

"在抚琴租房的时候，虽然穷，但是好像每天都没啥心事也没啥压力。住在里面一天就把它当成自己的房子一天，热衷于买各种家电，这个月买个洗衣机，下个月买个冰箱，再下个月找人打个书柜……都没考虑过这个房子不是自己的。"短暂地、自在地在抚琴住了不到两年时间之后，白菜彻底搬离。

抚琴的房子还是那些旧房子，巷子还是一如既往有小摊。露天茶馆，几块钱一杯的茶，早上到晚上生意都在。土著等着拆迁，去年年底都还有人在网上给政务中心留言，问什么时候拆迁，回复称暂无计划。

来来去去的非土著，这些和他们无关也有关。白菜想起，小区附近，外来务工做串串生意的两口子，因为桌子板凳摆在外面和人吵起来，桌椅收进去之后，还被说台子上的锅有一半也在外面。

争执拉扯之中，"一锅滚烫的汤料倒了，倒在他们那个小娃娃的身上。这个事情我印象一直很深，因为一直都很难受"。那是 2005 年前后的事情。

在抚琴土著傅自强的回忆文章中，抚琴街南三巷，从崇州到成都的曾崇秀带着一架二手缝纫机开设了"曾妹制衣店"，在鬼饮食中杀出重围，存在了将近三十年。

逼仄楼道的小房子里，都是抚琴的烟火气和过往的痕迹。🔲

● 从钢管厂五区晃到莲花新区

/ 彭何

原来不过只是六十多年间的事情。

就在全国"除四害""我们也要搞人造卫星"的 1958 年，将近四千名沈阳人从东北出发，带着家属，带着腌制酸菜的缸子……在坐了三天三夜的火车，跨越大半个中国之后，终于落脚在之前可能从未想象过的西南城市成都，并开始在东门建立秘密的 420 厂。

同样是那一年，过完国庆之后的 10 月 19 日，成都无缝钢管厂在不远处动工兴建。"有火车的地方就有工厂"，那是一家曾有超过三万人的国营单位，加上家属，将近十余万人生活于此。一段特殊的、算得上光荣的时代。

在 20 世纪 80 年代的中期，420 厂的好日子到头了，与钢管厂的命运相似。再后来，厂子不在，420 成了华润二十四城；钢管厂二区，在被拆掉了之后修建的蜀都惠园成了返迁房，老邻居还能随时打个照面。

一些房子还原汁原味，尤其是钢管厂五区和莲花新区。晾衣竿伸出窗外，那些带有复杂情绪的生活痕迹还在，但已经被光鲜亮丽的、更高的楼包裹住。

或许在莲花新区的院坝头吃着火锅的时候，有人也会胡乱猜测，都是谁住在那里面。当年，神气的是钢五区，就连一街之隔的莲花新区也不差。现在的它们，更多以深藏鬼饮食的名声行走江湖，依旧是不可或缺的，天生自带烟火。

修建于 20 世纪七八十年代的钢管厂五区，外墙的绿色石英石，比红砖墙和水泥灰墙更显讲究，那是国营大厂的脸面。"变电站的隔壁有个锅炉房，曾经还有钢五区的澡堂。"每到夏天，从澡堂洗完澡，工厂男青年就穿着大裤衩和大背心，东张西望，再慢悠悠穿过女青年单身宿舍，走回自己宿舍，内心充满躁动。

当贺老二带着我穿行在钢五区和莲花新区的这些小楼之间，潮湿、陈旧的老小区才有的味道断断续续从楼道飘出，指出这栋和那栋的区别时，他依旧轻车熟路。

贺老二是从小在东门长大的厂子弟，父母来自北方。小时候，父母上班，他便被托付给楼下的老奶奶。"十来个小朋友会被关在老奶奶的屋子里，从小在衣柜里耍大。"这种家庭式幼儿园，是厂区才会有的特色。

到了四五年级，每个厂子弟都会陆续剪掉一前一后还没小拇指粗的小辫子。"菜市场大爷搭一根板凳摆一个镜子，剪完全身痒，回家马上洗澡。"贺老二至今不明白留辫子剪辫子的传统到底从何而来，可能就像厂话一样，也是和周围社会的区别。

五区是钢管厂众多福利区之一。在那个过了一环才算进城的年代，钢管厂生活区高楼的拔地而起和国企职工的入住，使得这里自成一个成熟和封闭的社会。像那个年代大型国企一样，二区的嫁给四区，五区的娶了三区。

厂子弟念完钢管厂幼儿园，又升到钢管厂子弟小学，再到 39 中……等着接父母的班。这一切几乎都在这相对封闭的社会内流动。

每天万人在高音喇叭的指挥中上班下班，统一制服的工人队伍进出小区，浩浩荡荡。

小楼的栋数都快标注到 100 了，厂区大院的生活啥都不缺。洋木匠，每个厂区曾经都有一两个。钉板凳、打柜子的事也都不怎么轮得到外面的人参与。

在推开一扇木门之后，我没想到里面还藏着一块门球场地。20 世纪中日友好时期，1986 年中国从日本引进门球运动。"红球 5 个，白球 5 个……进一门得一分，进二门得一分，进了三门以后才有资格打中间的柱子，打到了中间的柱子得两分。"退休工人至今仍喜爱这项现在的年轻人已经很陌生的运动。

一街之隔的莲花新区并没有国营大厂的光环，它是在村落的基础上进阶而来。随着 20 世纪东大路、春熙路商圈开始新建高楼大厦，市中心的老居民集中搬迁到二环的路边上，才形成现在所看到的莲花新区的格局。

莲花小区、莲花新区以前叫莲花村，有整片的农田。据说湖广填四川的时候，更多外乡人选择在此处落脚。往上查三代，大多都算不得是资格的成都土著。

大片的平房，交错的村道如同迷宫，想从莲花村穿到空军医院和九眼桥，需要一番勇气。除了橘红的路灯，涂过沥青或柏油的木头电线杆是这里有点年头的又一个注脚。

相当长一段时间，莲花村的福利和条件都比不得钢五区。但那些楼房的格局倒是如出一辙，包括 2000 年之后，开发商所修的商业性住宅。

20 世纪 80 年代初修建的楼房，一层楼四户，每家有那么一间不带窗户的小黑屋，成了很多人的童年噩梦。曾经厂区相当流行大阳台户型，中间是客厅，两侧是主卧次卧，全都通阳台。纵使现在外面被翻新过，瞄一眼老式花纹的护栏，贺老二对屋子里的格局还是一清二楚。

大量人口由此在东二环聚集，每家的收入在当时相当可观。按摩店、鬼饮食之类得以有生存的土壤，并逐渐扎根形成现在的气候。20 世纪 90 年代，工人们在经历下岗潮的五味杂陈之后，自谋出路，这也间接地催生了更多的鬼饮食在钢管厂和莲花新区一带落地发芽。

曾经体面的钢管厂工人，不管是车间主任还是普通工人，大多都得自谋出路。面条、饺子，低成本小买卖是最稳和最容易切入的行当。

丁卤肉的儿子当年就在隔壁班念书，太多熟人开的餐饮小店在莲花新区和钢五区开花结果。整天抬头不见低头见，本就不易，珍惜名声，更是不被群体排斥的生存之道。

牛市口的番茄煎蛋面是另一个老资格。白云阁水饺，招牌陈旧还被泡桐树遮挡住三分之二。它在工农院街已经开了十多年。老主顾清楚，他们家最早是在牛王庙卖，加起来卖了得有二三十年。饺子是钟水饺的做法，味道更重，但依旧香而不辣，甜度适中。

钢管厂五区的面条，可说的是牛王庙老味面。手工的粗面条少见，口感筋道独特，这就已经胜出。再加上干鸡杂的浇头，不绵不老，新鲜脆爽，更是在别地很难吃到的讲究。得闲老板还会在铺子里练起毛笔字，生意外的一大爱好，也只有在老小区才有这种闲情逸致。

慢慢悠悠穿梭，下午四点刘记老字号钵钵鸡拉开卷帘门支起小摊。就在涂冰粉的隔壁，无骨鸡爪入味的同时，弹劲十足。辣油，是沁人心脾的香，略带一丝回甜。

钢管厂五区小郡肝，算是其中牌子做得最大的，时常扯筋争论谁资历最老。不过现在在钢五区，并没有一家类似的看起来体面的小郡肝串串店。更多的似乎还是兔火锅这种老式的品类。而其中最负盛名的还是隔壁 39 中的金麒麟。

密集的鬼饮食，隐藏的街头小径，只有莲花菜市场整日繁忙。很多个早上的八点之前，莲花新区南一巷和北二巷子口子上自发而成集市，小贩杀鸡剁鱼，叫卖刚摘的蔬菜。忙碌的一两个小时，所有人在城管上班之前默契地收场，像一切从未发生过，暗藏相互体谅的温度。

而到了下午五六点，冷啖杯的塑料板凳就铺开来了。大扎的冰啤酒，就着卤菜、煮花生和龙门阵下肚，这依旧是一种老小区才有的鲜活景象。景和物，人与人互动的方式，依旧如同二十年前。

冷啖杯隔壁，莲花新区少见的街头露天院子中，在曾经的川菜馆歇业之后，是一家叫齐煮火锅的火锅店。三角梅和爬山虎长满院子，青砖的拱门，橘红的灯光，石缸里的鱼……瞬间又将人拉回曾经的某个生活场景。奶奶摇着蒲扇，顺手抓两颗井水浸过的李子……

下午倚坐在竹椅上来杯盖碗儿，晚上来顿火锅。现在还能在二环找一个舒舒服服、透气的院子吃火锅，这样的地方可不多了。

下午还没上客人时，张姓老板自己会在院子里和社区老大爷下棋，或者和嬢嬢些打麻将。还在试营业其间，就有很多曾经的厂子弟捧场。

火锅是正宗的重庆火锅，炒料的师傅姓郑，1983 年高中肄业后就开始跟嬢嬢在十八梯卖火锅，耳濡目染。

蘸一口茅台瓶子里倒出来的香油，或者选用干碟，即三种以上的海椒，加黄豆粉、花生粉，主要是核桃粉混合而成。香味混合带来的愉悦，和钢五区、莲花新区各种生活场面混合起来，特别有人情味。

厂子弟贺老二在齐煮火锅谋了份差事，盯着堂子招呼客人。得闲他又从莲花新区转到钢五区，来二两鸡杂面，或者整几根钵钵鸡。"味道都是资格老味道。"

贺老二想起，那时候进家门，要么左手边要么右手边就是鞋柜，"妈妈的包包就放在上面，走的时候就把小拇指伸进去夹，夹到几张算几张。""夹到一块还有点失望，夹到五块感觉是中头彩了。"捡些废铁，在当时一天也能卖五块钱。"那时候，韭菜饼五毛，加肉加鸡蛋的一块。"

当年的钢管厂五区有"小春熙路"之称。贺老二的母亲在工龄被买断之后，就去青年路批发衣服到福利区卖。"现在牛市口一带真正按摩好的，还是老的那种拐角铺子。"曾经的女师傅恐怕已经成了婆婆辈，"正骨劲重，随便好大年纪在里面都要被按得叫唤。"

13 栋 1 单元 1 号，造味者是一家社区咖啡店，出门就可闻见卤菜香。五区路边水果摊斜对面的直觉猫咖酒馆，"朕在读书"的字样似乎更加醒目，环境清新小资。下午五六点歌手开始坐在门口弹唱，穿洗澡拖鞋的大叔点一杆烟站在一边，听得走了神。

老味道常吃，新事物不抗拒，钢五区和莲花新区，一如既往有着成都的包容。想起要换个口味，贺老二又和朋友赶到八里小区。"那里曾经有相当多的外地菜，炒菜完全和本地菜味道不一样。"

但另一面，贺老二家有点年辰的四个大缸子还在。"每年12月初，双桥子就有很多拖板鞋车子拉一千斤两千斤白菜过来，我们家每年抱一百斤。放白菜，加盐，再拿沙河边捡的鹅卵石压在最上面。"我问贺老二，为什么这两年突然想起要跟着妈老汉儿学做酸菜了，"走了就没人做了，靠这个活得嘛。"

鼻子突然有点酸了。贺老二是个成都人，也还是个北方人。

从钢管厂五区到莲花新区，怎么走得完。📕

● 在温江，没有一头猪能带着耳朵离开

ZAI WENJIANG，MEIYOU YITOUZHU
NENG DAIZHE ERDUO LIKAI

/ 丁赫　陈梦奇

踏进温江的地界，就走到了被猪耳朵包围的世界。"猪耳朵，是人间美味。"坐在温江猪耳朵店里的食客，拈起一筷子，面色陶醉。隔壁桌的大爷显然也有话想说："在没事的时候，吃猪耳朵是我最开心的选择。"

手头一直不停拌着猪耳朵的嬢嬢说："我喜欢吃拌猪耳朵，拌的有拌的味道，卤的有卤的味道，各有各的味道。哎，你要吃哪个？"看着她刚拌完的那份猪耳朵，忍不住点了份一样的。

在美食软件上搜温江区的"猪耳朵"，将会显示 86 个结果。在温江，光是高家的猪耳朵就有：高大哥猪耳朵、高二哥猪耳朵、高三哥猪耳朵……可以想象在温江有多少猪失去了耳朵。

温江鱼凫路，通往猪耳朵的江湖。七家猪耳店如连珠般排满鱼凫，猪都不敢从这里路过。外地人看到觉得夸张，本地人知道这背后藏着一个江湖。

这条路上，有"万春猪耳朵大酒店"，还有以高氏为名的"高家猪耳朵饭店"，更有江湖界如雷贯耳的"赵姐猪耳朵饭店"。一到饭点，这条路边就停满了食客的车。围着一份份猪耳朵，开奔驰的跟蹬三轮的都拼在一桌。

如果你开一家酒店，你会取名为猪耳朵大酒店吗？我想你不会，但温江人会。你或许觉得这个名字俗气，但是在温江的语境下，敢叫猪耳朵是一种霸气，给心爱的酒店取名猪耳朵，就如同叫作香格里拉、万豪和凯悦。

和"猪耳朵"处在同一地位的是"高"字。在温江，猪耳朵往往会和"高"连在一起。

这个故事要从 20 世纪 70 年代老成都的文家场讲起。那时，高爷爷的"高糍粑"卖得风生水起，膝下三个儿子同样会做生意，先后开起猪耳朵饭店，很快走出文家场，遍布温江南北中。

猪耳朵，可谓猪最秀气的部位，它是活肉，横切下去或丝或片，每一个断面都有天然的艺术性的细腻感。猪耳朵纵然好吃，但它一般只作配菜，是凉拌菜，是大菜之前的一道过场。可是在高家，猪耳朵不仅可以凉拌，还可以卤、可以酱、可以泡、可以烧……在高家，猪耳朵从一道过场，踏入正房。

淋上熟油海椒，撒上味精，点上一丁点的糖，一盘猪耳朵上垒起高高的调料。高大哥猪耳朵店的阿姨眯起眼睛，捏住拇指和食指，在我面前略略一点，她说："是的，要加一丁点的糖。"

轻轻翻动，粉不噜嘟的猪耳朵立刻变成鲜红。慢咬下去，感觉得到它软烂的外皮，脆骨带给牙齿一种顿挫感。筋骨和皮肉结合得至臻完美，甜味和辣味完美配比。所以说，如果不是对自家猪耳朵品质的绝对保证，这"高"字很难担得起。

敢和高家三兄弟的猪耳店平分天下的恐怕只有赵姐家的猪耳朵。在鱼凫路，赵姐猪耳朵饭店永远是最火爆的店铺，每到中午都会排起长队，你简直不敢相信，这只是一家猪耳朵店。

赵姐的店不适合一个人去堂食，因为占位置和点菜不可兼得，屁股一离板凳，座位马上丢失。而点菜的人把小小的操作间围了个扎实。很多菜晚一步就只得一声"哦嗬"——卖完了。

老板娘是没空闲聊的，但店里舀菜的嬢嬢面对"你们开了好久"这个问题却很积极，头也不回地大声回答："好几十年了！他们娃儿都二十多岁了，他们这个手艺还是从老一辈传下来的，你说开了好多年了嘛！"

和温江大部分猪耳朵店铺一样，赵姐家顶了个"饭店"的招牌，但其实是典型的苍蝇馆子。发黄的瓷砖、斑驳的墙面，连墙上菜单变动的价格都是拿小纸条贴上去的。但就是这一眼看完的菜单，二三十就能吃到扶墙走的价格，却拴住了几代人的胃。

单一道拌猪耳朵，做了三十多年，可以说把凉拌做到了出神入化的地步。温江人称：弹脆韧，麻辣香。

十一点刚过，人就多了起来。

"赵姐，还有耳朵没得？"
"有——"
"两个大份，打包。"

熟客和赵姐短短的两句对话，透露出一个重要的信息：猪耳朵限量。闲坐的阿姨从屋里搬出一大摞板凳桌椅，一字排在街上。

店里的高峰期出现在十二点以后，人来人往中，一个戴眼镜的大哥握着一把零钱，像鱼一样在扎堆的食客中灵活地穿梭。你找他收钱，他埋着头唰唰唰地给你找零。但你问他每天卖好多猪耳朵，他立马抬起头："安？问这个爪子哟。"

警惕的眼神透过厚厚的镜片把人盯上半天，才说："不晓得哈，我只是一个收钱的。"结果后来才知道，这位"收钱的"就是老板。另一边的赵姐，不慌不忙，每份递出去的猪耳朵都拌得仔细。

薄切猪耳，放的是红油、海椒、芹菜、芝麻，被切成半透明状的耳片与微辣回甘的红油搅拌，又裹了新鲜芹菜的爽脆和清香，一筷下去，麻辣鲜香的脆嫩肉质在唇舌间弹动，下两碗米饭毫不费力。

在赵姐猪耳朵店，散乱地搭在外面的小桌子永远比在店里的多。有时候远看一些吃完的人像在跳踢踏舞，但其实他们是在和黏在鞋底的卫生纸纠缠。

我想，只有真正吃上一口才能理解，为什么温江人对猪耳朵爱得如此夸张。

这样的疯狂将从十二点一直持续到下午两点，一般来说，一点以后猪耳朵就会全部卖完，两点以后猪拱嘴也会售罄。赵姐猪耳朵店通常在三点关门。

早上十点，伴随着晨早的曙光，店里的阿姨把该洗的洗好，该蒸的蒸上，没什么事的阿姨就在旁边坐着，等待着两个小时以后的操劳。来的人不多，毕竟时间还早。老板把猪耳朵切成薄片，赵姐在玻璃灶台后面娴熟地把调料打包。

就这样日复一日，年复一年，书写着鱼凫路上，温江人与猪耳朵的爱的传说。或许，这就是吃猪耳朵的排场，这就是赵姐家的阵仗，这就是温江人对猪耳朵的狂热的爱。

在外人看来，温江这么重视猪耳朵不免有些夸
张，但是在温江的语境下，就会发现这其实是
很正常的事。不管店铺大小，食客多少，这里
的人们都只稳稳地揣着一个"温江胃"，默默
地为这一口猪耳朵排着队。

"嘎吱，嘎吱，嘎吱嘎吱……"坐在小板凳上
的温江人咀嚼着猪耳朵，更是在咀嚼生活。

温江的猪耳朵是一绝，赵姐家的猪耳朵是温江
一霸。但赵姐家生意再好，都只卖中午一餐，
两点一过就要收摊摊。据说除了想休息，还
有一个原因："也要让周围的店店儿有生意
做嘛。" TZ

● 这里堆放着半个成都的琐碎日常

ZHELI DUIFANGZHE BANGE CHENGDU DE
SUOSUI RICHANG

/ 彭何

每个城市的角落里都散布着无数、规模不一的旧货市场，和博物馆一样浓缩
岁月，只不过更朴素也更具有凌乱美。

北京有潘家园，重庆是董家溪，而成都的旧货市场，只有靠东三环边上、
十陵客运站对面的亮佳鸿华二手市场才可以撑起门面。里面堆放着半个成都
的琐碎日常。

简易，巨大，钢条焊接成的市场广告牌，和刚一进去看到的那些东西一样，
透露着相互契合的廉价和意料之中的繁荣。

这里的东西有多丰富，就意味着曾经有多少个满怀梦想、富丽堂皇的住宅、
酒店、发廊……变得衰落。这种惆怅的味道，从一踏进旧货市场就扑面
而来。

或许，他们只是升级淘汰。那些布满灰尘、款式老旧、价格低廉的物品，辗
转到达店主的手里，被清洗之后，又将为新的拥有者带来些许光亮，成为他
们心满意足的开始。小市民的买货和文青的淘货，在旧货市场从来都有着截
然不同的心境。

旧空调、旧沙发、旧餐桌、旧的发廊三色转灯和洗头椅……巨大的几个棚里
分门别类，矮墙和木板隔出各是各的摊位。掉漆的货车运来新一批发黄的
空调外机，中年大叔和大姐，正在擦拭的双开门冰箱很快又将填补店内的空
缺，等待被谁选中。

一位大哥选中一台旧电视，老板强调了一句："现场试，拿回去之后坏了不能换哦。"尽头那一排的旧木地板店，店主之间叨叨，今天上午还没开张。

中国人还是不太习惯购买旧的家具家电，除非是配备给自己将要出租的房子。或者在外租房，寄人篱下时自己要置办点简单东西。大量这类群体的存在造就了旧货市场的繁荣。

一家回收酒店旧物的店铺，在罗列了一堆自己要收购的物品后，干脆直接霸气喊出了"收一切旧东西"的口号。

成堆的旧床单旧铺盖，还有那些成堆的上下铁床，自离开学校就不曾睡过，大概也就只有那些建筑工地和包吃包住的餐馆才会购置，他们就在你身边看不见的地方。

各行各业小生意生产资料的添置，从二手市场开始当然最好。以低廉的价格挑中心仪的物品，从而开始摆摊开店。做餐饮煮面的大桶锅、烤串的炉子、成堆的瓷碗……终于猜出，曾经坝坝宴上和小餐馆里的白色瓷碗很可能就是从这里而来。

那些连锁火锅店标配的模式化的桌子、椅子，杂乱地堆在一起，和隔壁蒙灰的水晶吊灯、装饰石柱挤在一起，想了半天也实在不知道谁会继续买走。就那么堆在那里吧。

旧旧的市场，稍微收拾得规整些的店会立马在亮佳鸿华变得醒目。进大门右手边最靠近里边的一家创意老家具大型仓库，招牌还是老旧的蓝白灯箱布，一排木结构的装饰，几扇窗子也很特别，好奇心催促人走进去看看。

工厂就在附近，这家店面成了手工木刻的展厅。开了大概两年，前几天翻新得差不多了才重新开门营业，刚好被我遇到了。桌子板凳改成了地板，墙还是当初的白墙，靠里面的屋顶上，竹席改成了吊顶。店里一股浓郁的古风味道，新的老的木材，原色和红漆构成了主色调，木质的隔断和窗花分割成几块区域，每走一步都觉得琳琅满目、极具特色。

手工木质、竹编的灯具；细细打磨过的树皮沙发；花瓶，也是木质的，插着干花点缀得恰到好处。那些家具，说不上是清代的款式还是民国的。老料新做或者新料做旧，眼缘到了，喜欢就好。

参考借鉴国外的做法，旧物重新焕发新的生命力。一张木沙发，店主说是几种老家具拆了又重新拼成的，那些带花纹的格子，是从老的木床上拆下来，再重新做成的框。

老柜子上的一层单独拆了出来，加上钢筋的四条腿，成了复古味道的电视柜。一个老外喜欢，前阵买了几件要运回美国。几款收购来的旧椅子，还是原来的模样，只不过全部拆散开再按照老的方法加固拼起来，依旧没有钉子，不摇不晃，随便坐。

工序更加烦琐，人工更为费钱，一两千一把的椅子，比旧货市场的那些别的旧物更加昂贵。显眼的红色高背椅子，小龙坎买过几把。更多的那些家居，是要被卖到诸如三圣乡的民宿、四姑娘山的酒店里……全国各地都是买家，大概算是真正增加了价值。

在鸿华，绝大多数老家具店还是那种紧紧凑凑、随意堆放、散发着旧旧的老味道，这也是第一眼就打动人的原因。刚刚拂去灰尘并被清洗过的小桌子、小箱子，价格不过一两百。据说洪河的旧货市场都是从这里来选货，再赚取差价。层层堆叠起来的椅子，看起来似乎也没那么值钱。

在其中淘货是文艺青年的乐趣，总觉得翻开一个木箱子，里面大概藏着一个如海角七号般浪漫的故事。一个游戏机、一个闹钟都是值得怀念的。

这是时间赋予的浪漫色彩。

角落里，"岁月共和国"的牌匾被层层遮挡，鸟笼陶罐夹杂其中，无序也有序。踏进仓库，老木头的湿润味道和透明瓦片下照射进来的阳光，都一样让人印象深刻。飘浮的灰尘在阳光下凝聚成一束，犹如时光通道将人拉回到几十年前的某间大礼堂、旧电影院。那些台灯和风扇，不知还能不能工作……

或许他们所有新的工作就是成为复古的装饰。

每个逛旧货市场的人都有自己的小心思，物品新的价值在挑选和发现中被找到，这大概才是旧货市场真正源源不断的活力吧。

无关价值只论喜欢。他们或许像周围的低矮棚户一样无序，但还是充满对生活的热烈追求。就像角落里丝瓜的藤条，还是要一如既往地往高处缠绕，并且开花结果。

● 走在银杏下，从没想过半空中
看它们是这样的

ZOUZAI YINXINGXIA, CONGMEI XIANGGUO
BANKONGZHONG KANTAMEN SHI ZHEYANGDE

/ 彭何

每年成都人都要成群结队看银杏。每年都是锦绣巷、
白果林、电子科大，但是翻相册你根本就不晓得这是
哪一年在哪儿拍的。

有一年，我们换了一个视角，飞起来，在城市上空俯
瞰成都的银杏，找到全城够老够粗够资格的古树。

百花潭公园银杏（胸径：121 厘米 树高：10 米）

百花潭最古老的银杏是在 1949 年后，搞园林建设的
历史大背景下，于 1984 年 12 月，由汶川县漩口百
花公社胜利大队胜因寺遗址移入百花潭公园的，据记
载，这是株唐代银杏。

唐代至今，人们都算不清楚它究竟是好多岁了。这位千岁老人目前依然有着姣好的容颜，其实这是它焕发的第二春。相传这株银杏明末遭火焚，清朝被雷击，仅留树桩……但由于根系并没有受损，后来在原树桩的基础上继续长出了新的树干，变成了如今的样子。据说，当时这株银杏条件本来就不好，树干有裂缝，后来更是从一株裂成了两株。大的一株被移植在百花潭，较小的一株目前种在成都房管局房产交易中心附近。

人民公园银杏（胸径：100 厘米 树高：19 米）

说到成都赏银杏的好去处，人民公园肯定也算一个。

人民公园里面最为粗壮的一株银杏，目测要三四个人才能合抱。具体位置是在人民公园银杏阁的左前方。它的枝丫茂盛，长得之开，树冠遮盖的面积比旁边几株一般大小的银杏加起来都要大。

离这株最大的银杏不足百米远的位置是人民公园第二大银杏，在游乐场附近。这株的高度、胸径都要比上面那株小那么一点点。但是单看树皮的话，这株显得更加沧桑。

金河宾馆（胸径：113 厘米 树高：26 米）

两株位于金河宾馆后面大停车场的银杏来历可不小，是以前成都将军衙门的。将军衙门的这个"将军"，不是我们通常理解的对高级军官的尊称，而是一种专门的官职，叫"成都将军"。

金河宾馆目前的所在地在清代是成都将军衙门，在康熙六年（1667 年）就有了，这两株银杏也就是那个时候种下的。目前两株银杏长势都还很好，树高超过了 6 层楼，叶子的黄是属于暗黄色，有点旧的感觉，叶子中间还有些绿。

银杏分雌雄，这两株刚好是一对，在古代，讲究的大户人家都有种一对银杏树的传统。银杏一般可以通过枝形和叶形区分雌雄。雄株树形紧凑，枝丫没怎么散开。雌株的枝丫要更加散开些，因为挂果，枝丫会下垂，有点像柳树一样。用雨伞来打个更具象的比喻，雌株就是撑得更开的那种，雄株是没怎么撑开的那种。

横金家坝 46 号银杏（胸径：108 厘米 树高：26 米）

横金家坝位于天府广场附近，新美术馆背后，市中心的地方。但是如果不是刻意去找，应该很少有人见过这里的两株银杏，甚至很少听说过。这儿的银杏就在居民大院儿里默默地长着。听大院的居民说，以前这个地方都还是平房，为了就地保护这两株树，后来楼房修在了树的两侧。这两株都是雌株，现在每年都还要结白果。

杜甫草堂银杏（胸径：103 厘米 树高：32 米）

杜甫草堂博物馆的两株古银杏在藏经楼后面的小院子里面，也就是在盆景园的附近。大多数时候这两株树木都是被锁在院子里面，旁人只能在围墙外观赏。工作人员说，最里面那株是雌株，靠近门那株是雄株。雌株这些年都依然在结果。

两棵银杏树形舒展优美，树的顶端据说也是杜甫草堂的最高点。每年深秋时节为银杏的最佳观赏期，步入藏经楼后院，忽见高大挺秀的枝干和满眼金黄，衬以青瓦白墙，这画面简直带着古韵的美！

青羊宫银杏（胸径：117 厘米　树高：26 米）

进青羊宫靠左走就可以在环境清幽的办公楼院内找到一株古银杏，据说此树明朝就有记载了。青羊宫作为成都市区现有的最大、最古老的道教宫观，里面长的银杏自然是深得庇佑。

古树长势很好，树形美丽，笔直的树干中间长出的枝干都显得粗壮，叶子还算多。青羊宫内常年扫地的师父说，这株树目前也还在结果。

但这株银杏多少还是有点毛病的，扫地师父说这个银杏有虫洞。几年前在坏掉的洞里面还发现了一条小蛇，信道之人认为这是灵气。

这株银杏和青羊宫里面的其他银杏比起来每年都黄得最晚。晚秋季节，金黄色的树叶簌簌落下，一层层地铺满青羊宫低矮的四合院屋顶和地面，树的缝隙再透出些黄昏的阳光，也是醉人。

四川国际大厦银杏（胸径：159 厘米 树高：20 米）

以前常说的提督街古银杏，准确的地址其实是在鼓楼南街 51 号四川国际大厦里面。

走进去第一眼你根本不会注意这棵千年老树，满眼都是车，汽车把这棵树围得里三层外三层的。大厦的保安叔叔说，每年到银杏落叶的时候，树下停的车几乎都要被金黄的银杏叶子覆盖住，想想感觉还挺美的。

这棵银杏所在的大厦修建于 2000 年，听成都林业与园林局古树名木科的刘科长说，当时园林局的老领导为了就地保护这株老银杏，特地争取修改建楼的方案，后来专门留出一个"凹"形的空间让这株银杏继续生长。

陕西街 100 号银杏（胸径：99 厘米 树高：30 米）

还有株千年银杏也是属于隐藏得很深的那种，在陕西街 100 号一个老旧的小区里面，它已经长得比小区最顶层 7 楼还高了。起先走到大院的门口询问此株银杏的具体位置，周围的人几乎都不知道院内还有一棵这么古老的树。银杏树下拉起绳绳晾满了衣服，很市井很接地气，银杏有点像是遗落在民间的公主。

树木的年龄来源主要有三个途径：传说、科学测量和估测。传说包括民间传说和史料记载。其实大可不必纠结古树的年龄、历史，每年的深秋，成都的风景里都有它们在，就够了。

（以上来源于成都林业与园林局古树名木科的刘科长提供的成都市区最粗的古银杏名单，在此感谢。）

图书在版编目（CIP）数据

横看竖看 / 谈资主编 . -- 成都 : 成都时代出版社，

2020.5

（@ 成都）

ISBN 978-7-5464-2562-7

Ⅰ.①横… Ⅱ.①谈… Ⅲ.①地方文化－成都 Ⅳ.

① G127.711

中国版本图书馆 CIP 数据核字（2020）第 041577 号

横看竖看
HENGKAN SHUKAN

谈资　主编

出 品 人　李若锋

责任编辑　张　旭

责任校对　周　慧

责任印制　张　露

封面设计　郭　映

装帧设计　成都九天众和

出版发行　成都时代出版社

电　　话　（028）86742352（编辑部）

　　　　　（028）86615250（发行部）

网　　址　www.chengdusd.com

印　　刷　成都市金雅迪彩色印刷有限公司

规　　格　170mm×220mm

印　　张　11.5

字　　数　200 千

版　　次　2020 年 5 月第 1 版

印　　次　2020 年 5 月第 1 次

书　　号　ISBN 978-7-5464-2562-7

定　　价　58.00 元